山西古村镇系列丛书

大周古村

山西省住房和城乡建设厅组织编写

薛林平 刘思齐 刘冬贺 邱诗南 于丽萍 著

中国建筑工业出版社

图书在版编目(CIP)数据

大周古村／薛林平等著. —北京：中国建筑工业出版社，2010.8
（山西古村镇系列丛书）
ISBN 978-7-112-12246-2

Ⅰ.①大… Ⅱ.①薛… Ⅲ.①乡村-古建筑-简介-高平市 Ⅳ.①K928.71

中国版本图书馆CIP数据核字（2010）第134233号

责任编辑：费海玲
责任设计：董建平
责任校对：王 颖 赵 颖

山西古村镇系列丛书
山西省住房和城乡建设厅组织编写
大周古村
薛林平 刘冬贺 刘思齐 邱诗南 于丽萍 著

*

中国建筑工业出版社出版、发行（北京西郊百万庄）
各地新华书店、建筑书店经销
北京方舟正佳图文设计有限公司制版
北京方嘉彩色印刷有限责任公司印刷

*

开本：787×1092毫米 1/16 印张：13 字数：312千字
2010年10月第一版 2010年10月第一次印刷
定价：56.00元
ISBN 978-7-112-12246-2
(19497)

《山西古村镇系列丛书》

主　编：王国正　李锦生

副主编：张　海　薛明耀　于丽萍

《大周古村》

著　者：薛林平　刘冬贺　刘思齐

邱诗南　于丽萍

丛书总序

我曾多次到过山西，这里丰富的历史遗存和深厚的人文底蕴，令人赞叹，给人的印象非常深刻。山西省建设厅张海同志请我为《山西古村镇系列丛书》作个序，在这里我就历史文化遗产和古村镇保护等有关问题谈一些粗浅的想法。

国际经济社会发展的经验证明，一个国家城镇化水平达到30%以后，城镇化进程不断加快，随之出现城市建设的高潮；人均生产总值达到1000～3000美元时，进入经济发展的黄金期，也是多种矛盾的爆发期，这个时期不仅可能引发各种社会矛盾，还会出现许多问题。我国城镇化水平2003年就已经超过了40%，人均生产总值2006年已经超过了2000美元，国民经济快速发展，城镇化进程不断加速；在城市建设日新月异的发展中，中央又审时度势提出了"两个趋势"的科学判断，作出了加强小城镇和新农村建设的决策。过去，我国城市的大批建筑遗存，正是在大搞城市建设中遭到毁灭性破坏。现在，我国农村许多建筑遗产，能否在小城镇和新农村建设中有效保护，正面临着严峻考验。处理好小城镇和新农村建设与古村镇保护的关系，保护祖先留下的非常宝贵、不可再生的文化遗产，是历史赋予我们义不容辞的责任。

对于建筑历史文化遗产的保护，人们的观念不断创新、思路逐步调整、方法正在改进，从注重官府建筑、宗教建筑的保护，向关注平民建筑保护的转变；从注重单体建筑的保护，向关注连同建筑周边环境保护的转变；尤其是近年来，特别关注古村镇的保护。因为，古村镇是区域文化的"细胞"，是一个各种历史文化的综合载体，不仅拥有表现地域、历史和民族风情的民居建筑、街区格局、历史环境、传统风貌等物质文化遗产，还附着居住者的衣食起居、劳动生产、宗教礼仪、民间艺术等非物质文化遗产。我国现存有大量的古村镇，其历史文化价值和社会经济价值都是巨大的，按照英格兰的统计方法，古村镇的价值应占到GDP的30%以上。然而，认识到这一点的人并不多，甚至有人认为古村镇、古建筑是社会发展的绊脚石，这种观点对于文化的传承和社会的进步都是极为不利的。在快速推进的城乡建设浪潮中，我们所面临的最大问题就是，大批历史古迹被毁坏，大批古村镇被过度改造，使中华民族的历史文化遗产严重损坏。在这个时候提出古村镇的保护，实际上是一项带有抢救性的工作。

2008年1月1日开始实施的《城乡规划法》，突出强调了保护历史文化遗产的重要性；2008年4月又颁布了《历史文化名城名镇名村保护条例》。历史文化名城保护工作已开展近30年，历史文化名镇名村保护工作也已启动，现在大家基本达成共识，保护有价值的古村镇，其实就是"保护文化遗产，弘扬优秀的传统文化……保持民族性，体现时代性"。但是，当前全国历史文化村镇保护的形势仍然不容乐观，保护工作极不平衡，一些地方还未认识到整体保护历史文化村镇的重要性，忽视了周边环境风貌和尚未列入文物保护单位的优秀民居的保护，制定和完善保护历史文化村镇规划的任务还十分艰巨；一些地区片面追求经济效益，对历史文化村镇进行无限度、无规划的盲目开发；一些地方擅自改变国有文物保护单位的管理体制，交给企业经营管理。

作为华夏文明的发祥地之一，山西有着丰厚的文化积淀和历史遗存，不仅有数量众多的古建筑，还保存有大量的古村镇。由于山西历史悠久、民族聚居、文化融合、地形差异等多因素影响，再加之较为发达的古代经济，建造了大量反映农耕文明时代、各具特色的古村镇。这些古村镇，一是分布在山西中部汾河流域，以平遥古城为中心，以晋商经济为支撑，体现晋商文化特色；二是分布在晋城境内沁河流域，以阳城县的皇城、润城为中心，以冶炼工业及商贸流通为支撑，体现晋东南文化特色；三是分布在吕梁山区黄河沿岸，以临县碛口古镇为中心，以古代商贸流通、商品集散为支撑，体现晋西北黄土高原文化；四是沿山西省内外长城，在重要边关隘口，以留存了防御性村堡，体现边塞风情和边关文化，在山西统称为"三河一关"古村镇。这些朴实生动和极富文化内涵的古村镇，是人类生存聚落的延续，是中国传统建筑的精髓；保存有完整的古街区、大量的古建筑，体现着先人在村镇选址、街区规划、院落布局、建筑构造、装饰技巧等方面的高超水平；真实地反映了农耕文明时代的乡村经济和社会生活，凝聚了劳动人民的智慧，沉淀了中华民族的优秀文化，传承了丰富的历史信息；具有浓郁的地方特色和很高的研究价值，是人类共同的文化遗产和宝贵财富。

山西省建设厅一直对古村镇及其文化遗产的保护非常重视，从2005年开始，对全省的古村镇进行了系统普查，根据普查的初步成果，编辑出版了《山西古村镇》一书；同年，主办了"中国古村镇保护与发展碛口国际研讨会"，并通过了《碛口宣言》。报请省政府下发了《关于历史文化名镇名村保护工作的意见》，并分两批公布了71个"山西省历史文化名镇名村"，其中18处已经成为"中国历史文化名镇名村"。为大部分古村镇制定了科学的保护规划，开展了多层次的保护工作，逐步形成了科学、合理、有效的保护机制。为了不断提高人们的保护意识，他们又组织编写了《山西古村镇系列丛书》，本系列丛书撷取山西有代表性的古村镇，翔实地介绍了其历史文化、选址格局、建筑特色、非物质文化遗产，内容较为丰富。为了完成书稿的写作，课题组多次到现场调查，在村落中居住生活了相当一段时间，积累了大量第一手资料。通过细致的测绘图纸和生动的实物照片，可以看到他们极大的工作热情和辛勤劳动。这套丛书不仅是对古村镇保护工作的反映，更有助于不断增强全社会的文化遗产保护意识。让我们以此为契机，妥善处理保护与发展的关系，做到科学保护、有效传承、永续利用历史文化遗产，不断开创历史文化名镇名村保护工作的新局面。

是为序。

住房和城乡建设部　副部长

目录

C O N T

E N T S

CONTENTS

【第一章】

大周古村的历史文化

LISHI WENHUA

一、地理环境及历史沿革

1.地理环境

图1—1 大周村区位图

大周古村位于山西东南部，隶属高平市马村镇（图1—1）。古村格局清晰独特，历史悠久，存有多个时期的大量历史建筑，其中以明清和民国时期建筑为主（图1—2），是一座典型的晋东南地区古村镇。

高平地区（图1—3）“四面皆山，中有平地”[1]，为“层山环抱，曲水萦流；寨堡皆险阻之区，高平悉耕凿之地”[2]。高平境内北有发鸠山和羊头山，著名的“精卫填海”的故事便起源于发鸠山。《山海经·北次三经》载：“发鸠之山[3]，其上多柘木。有鸟焉，其状如乌，文首、白喙、赤足，名曰精卫，其鸣自詨。是炎帝之少女，名曰女娃。女娃游于东海，溺而不返，故为精卫，常衔西山之木石，以堙于东海。漳水出焉，东流注于河。”羊头山乃“神农尝五谷之所。上有神农城，下有神农泉”[4]。同时，羊头山也是炎帝神农氏获嘉谷的地方，“炎帝神农氏因上党羊头山始生嘉禾八穗，作八穗书，用颁行时令”[5]。此外，古代乐律也以羊头山上的黍子为标准尺度，《隋书·律历志》记载：“上党之黍，有异他乡，其色至乌，其形圆重，用之为量，定不徒然。”《宋史·律历志》引程迥[6]说：“体有长短，所以起度也；受有多

---

1 （清）朱樟.泽州府志.中引《方舆胜览》。

2 （清）朱樟.泽州府志.山西古籍出版社，2001，第92页。

3 今在上党郡长子县西。

4 （宋）乐史（930～1007年），《太平寰宇记》。

5 （唐）韦续，《墨薮》卷一。

6 程迥，字可久，应天府宁陵人。生卒年均不详，约宋孝宗乾道末前后在世。隆兴元年（1163年）第进士。历宰泰兴、德兴、进贤、上饶诸县，政宽令简，颇有异绩。官终朝奉郎，有《古易考》、《古易章句》、《古占法》、《易传外编》、《春秋传显微例目》、《淳熙杂志》、《南斋小集》等著述，传于世。南宋大哲学家朱熹曾称誉程迥：“博闻至行，追配古人，释经订史，开悟后学，当世之务又所通该，非独章句之儒而已。”“著书满家，足以传世，亦足以不朽。”

图1-2 大周村建筑遗产资源分布图

西北至沁水县秋峪岭界五十五里

西至沁水老马岭界四十五里

西南至凤台大阳镇界四十五里

至长子县北界四十五里
鸦儿铺
范店
丹朱岭
丹源
发鸠山
凤头山
掘山
石善河
仙公山
伞盖山
长平驿
石室山
黑龙洞
西洋
长平
寺庄
韩王山
法灵寺
牛心山
土板村
五龙山
省冤谷
浮云河
临丹铺
野川
骷髅山
杜稷坛
厉坛
演武场
先震坛
浩山
高平县
白起台
金峰寺
董峰山
汤王头
三官庙
蜡庙
范公桥
风雨
空仓山
崇正桥
横涧桥
仙山
唐安
光狼城
玉井
马村
悬壶山
南陈
河西
吾山
乔村驿
卧佛山
许河
界牌岭
周纂
凤台界

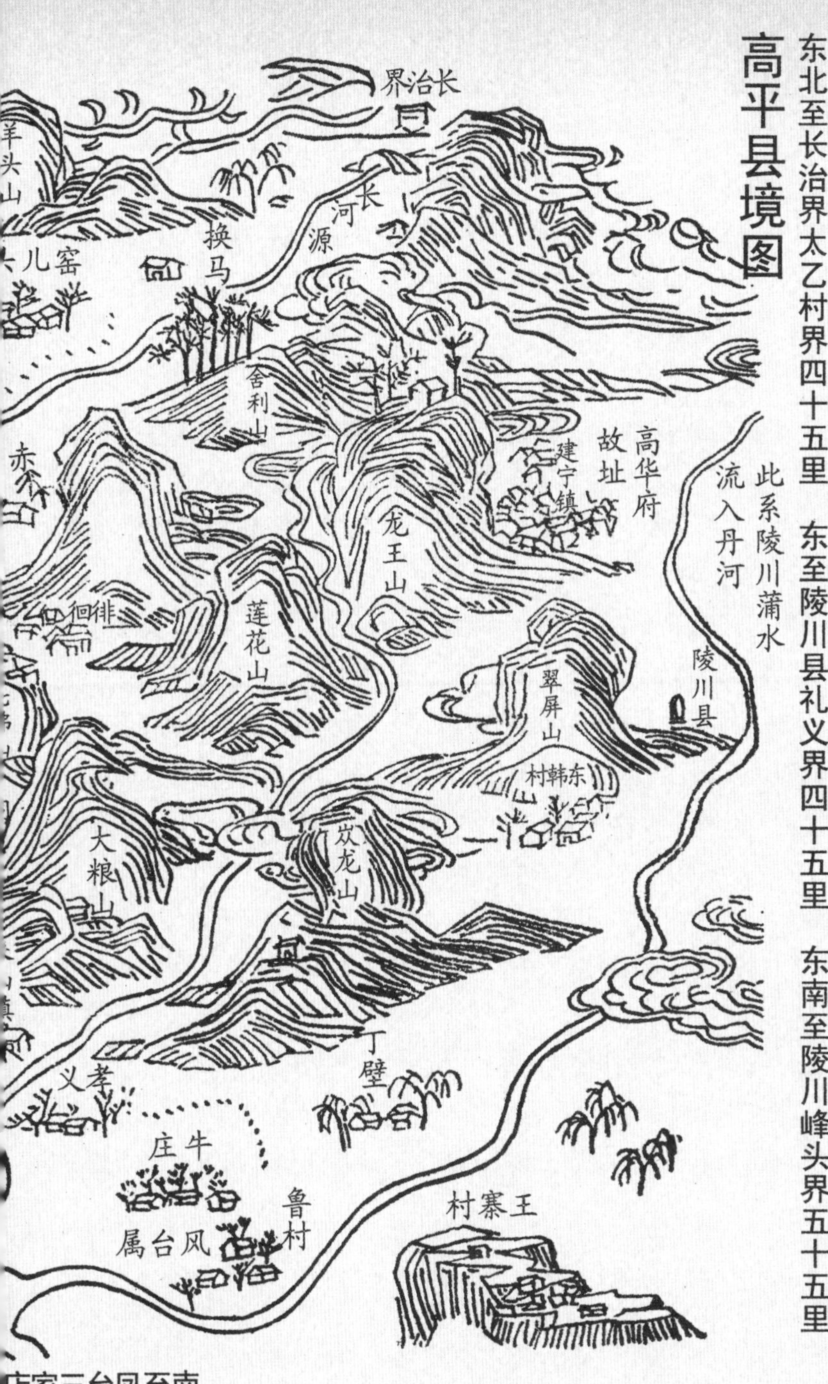

图1-3 清雍正《泽州府志》中的“高平县境图”

寡，所以生量也；物有轻重，所以用权也。是器也，皆准之上党羊头山之秬黍焉，以之测幽隐之情，以之达精微之理。推三光之运，则不失其度；通八音之变，则可召其和。”

高平西与沁水县境交界处有著名的“高平关”，其在马村镇老马岭上，“老马岭”即“空仓岭”，海拔1180米；亦称作“乏马岭”，以跋涉维艰得名。其山势呈南北走向，山体石质，岭高陡绝，俨然一天然屏障。岭中央为一巨大陉口，左峭壁，右陡涧，唯中一线，以通东西，陉口东西长350米，南北宽1000米，大有“一夫当关，万夫莫开”之势。高平关自古为兵家必争之地，其北达幽燕，南通伊洛，西接河东，堪称“秦晋唇齿，河朔咽喉”[1]。

如果说高平地区是山西东南部门户的话，那么坐落在马村镇的大周村则是高平地区重要的险关要塞。因高平地区三面环山，只有南部开放，而大周村正好处在这个关口上，同时大周村为群山环抱，其北更是有古寨、张家、沟头等小村落拱卫，其南接大阳镇（古阳阿县）[2]，地理位置的重要性不言而喻。

群山耸立的高平境域中，丹河缓缓穿行。丹河古称源泽水、泫水、丹水等，其发源于高平市赵庄丹朱岭，是沁河的一条重要支流，主要流经山西省晋城市和河南省焦作市，全长121.5公里。传说战国长平之战时，秦将白起坑杀赵卒40万，河水被血染红，故得名“丹河”。又据《山海经·北山经》载：“又北二百里，日谒戾之山，其上多松柏，有金玉，沁水出焉，南流注于河。其东有林焉，名曰丹林，丹林之水出焉，南流注于河。婴候之水出焉，北流注于记水。”

丹河依旧静静地流淌着，炎帝的子孙们已在这片土地上繁衍了千百代，千百代来人们从未放弃过努力劳作。勤劳质朴的人们凭借着得天独厚的地理条件，创造出了绚烂的文化。

2.历史沿革

春秋时，高平地区先属晋国。战国时期，三家分晋后[3]，高平先属韩，后入赵，赵置

1 （清）朱樟《泽州府志》中引《提名记》。

2 今山西省泽州县大阳镇，位于大周村南部，距其约3公里，2008年被公布为第四批中国历史文化名镇。

3 公元前458年，晋哀公即位不久，晋国六卿（智、赵、魏、韩、范、中行）之一的智伯伙同韩氏、魏氏瓜分了范氏、中行氏的邑地，接着联合韩、魏围攻赵国都城晋阳，兵将水灌，企图一举灭赵。赵襄子以“唇亡则齿寒”的道理，派人秘密说服韩、魏，三家联合起来反对智伯，大败智军于晋阳，杀死智伯。公元前 453年，赵、韩、魏三家瓜分了晋国的领地。公元前 403年，即周威烈王二十三年（晋烈公十七年），赵、魏、韩受封为诸侯。

泫氏城于此区域，后改称为长平[1]。公元前260年，轰轰烈烈的“长平之战”在此爆发（图1–4）。赵将廉颇在空仓岭一线布防，以最险要的空仓岭为中心，北至发鸠山，南至高平马村镇的吾山一带，南北长约80里[2]。

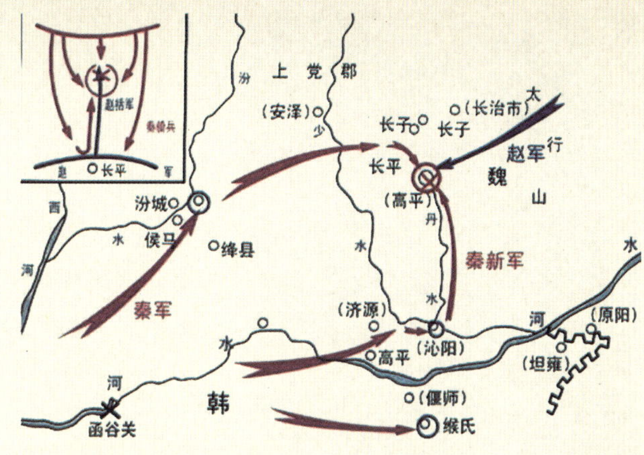

图1–4 长平之战示意图

秦、赵双方先后投入了数百万兵力，秦国更是举国之力，“王自之河内，赐民爵各一级，发年十五以上悉诣长平”[3]，秦国发奇兵断赵军后背，使得“赵卒不得食四十六日，皆内阴相杀食”[4]。赵战败后，秦将白起“挟诈而尽坑杀之，遣其小者二百四十人归赵。前后斩首虏四十五万人。赵人大震”[5]。这场战争如此壮烈，至今读到这部分史料时，仍会令人不寒而栗。“长平之战”基本奠定了秦国一统天下的格局，也给当地人民留下了难以磨灭的记忆。高平地区到现在还能随意掘得大量的白骨、铜矢，许多地名也因此战而得，如大周村所在的马村镇，原称“饮马村”，因其不远处为秦兵当年的骑兵驻扎处（现为古寨），秦兵常来此饮马，故而得名。

图1–5 北魏郭翻将军墓志铭盒盖拓片

北魏时期，在高平地区置建州，下有高都郡，领高都、阳阿[6]二县，有长平郡，管理高平、泫氏二县[7]。20世纪40年代，在大周村东北土岗上，发现了北魏郭翻将军墓，并出土了保存完整的墓志铭。其墓志曰：“君讳翻，字仲翔，建兴阳阿人也”、“正光二年岁次亲（辛）丑二月二十一日，卒

1 高平县志编纂委员会.高平县志.中国地图出版社，1993.
2 王树新、谢克敏、马四清主编.战国长平之战新考.军事科学出版社，2007.
3 司马迁（西汉）《史记·白起王翦列传》。
4 司马迁（西汉）《史记·白起王翦列传》。
5 司马迁（西汉）《史记·白起王翦列传》。
6 建兴阳阿，即今山西省泽州县大阳镇。
7 朱樟（清）.泽州府志·历代建置表.山西古籍出版社，2001.

图1-6 唐代造像佛碑

于洛阳寿安里。其年三月己巳朔，十六日甲申，归葬于偏城之北岗。”阳阿与大周村相隔仅数里，交往甚密，由此可略知大周村当时的情况。

有唐一代，晋东南地区进一步繁荣。大周村也不例外，虽未留有可查的文字记载，但村里保存有几块唐代造像佛碑（图1–6），由此，大周村当时的繁荣可见一斑。

大周村原名“周纂镇”（图1–7），得名于后周时期。据大周村武氏家谱中《周纂纪略》记载：“后周时，曾遣大将杨纂以镇此地。地以人重，引以为名焉。”村中现在还存有与此相关的几处古迹。如村东头的杨纂练兵场、百子桥等。相传，赵匡胤上高平关取高老鹞人头时[1]，曾经过此地，当地居民热情款待，

图1–7 大周村西城门上匾额上书“周纂镇”（立于明嘉靖十六年七月一日）

1 民间相传后周名将高老鹞即高行周镇守高平关。后周皇帝郭威，小名郭雀儿，因讳高老鹞之名(雀鹰俗称为鹞)，疑其有不臣之心，便封赵匡胤为征讨大元帅，命进兵高平关，斩高老鹞人头复命。赵父与高老鹞是结拜弟兄，此次受命，进退两难。赵单骑只身入关求见，言称：“君命难违。若借得叔王人头，巧夺兵权，杀昏君统一天下，不但此仇可报，天下百姓亦感叔王恩德”。高老鹞见赵气宇轩昂，风度非凡，料定“将来定天下者必此人”，便以赵与其子高怀德、高怀亮结为生死兄弟，并以推翻郭雀儿江山为民除害为条件，答应借人头与赵。赵又将其小妹许与高怀德为妻。然后，高老鹞乘二子不防，拔剑自刎。赵匡胤披麻戴孝、重祭高老鹞后，用礼盒盛其头，领兵回汴梁复命。赵献上人头后，郭威见高老鹞双目圆睁，胡须抖动，似活着一般，吓得跌下龙位，口吐鲜血而死。陈桥兵变后，赵匡胤称帝，统一江山，国号为宋，封高怀德为大元帅。这一传闻故事被编成地方戏，剧名《高平关》，亦称《借人头》。

图1–8 元代合同石碑（现存大周村资圣寺）图1–9 元代造像佛碑（现存大周村资圣寺）

并修迎圣桥一座，保存至今。赵匡胤称帝后，感怀于村民的热情款待，特降旨恩准大周村大修佛庙。于是，大周村迎来了一个繁盛时期。当时村中修建了大量的佛庙，号称 “大大小小七十二全神庙”，资圣寺中现存毗卢殿即为宋初样式。附近村寨里的居民常至大周村赶集，交换货物，拜神上香，热闹非凡，大周村盛极一时。同时，由于大周村所在的高平地区系宋金交界处，战略地位十分重要，成为两军拉锯争夺的地区。现在，村里还留存有当时为战争所建的地道，错综复杂。据推测，当时，村中已修建有防御用的城墙、城楼。

宋金元时期，高平地区先后属于北宋、金国和元朝，改朝换代带来的民族大融合促使其进一步繁荣，大周村现存的元代建筑便是很好的证明。在文人的笔下，高平地区呈现出一片盛世之景，“层层华盖高且崇，万采料结填青红……山川可谓锦绣裹，尘土尽皆罗绮封……豚蹄豆酒道傍祝，所获神赐亦已丰”[1]。在大周村资圣寺内现存有元代石碑（图1–8）一块，记载有中国现已发现的最早的合同文书。另有元代造像佛碑（图1–9）一块，保存大体完好，碑文已不存，但佛像精美，形神兼备。

元末明初，河南、河北、山东、安徽等地战乱不断，山西却相对安定。为了提供边防

1 引自：李俊民《彩楼》。李俊民（1176～1260年），金代文学家，字用章，自号鹤鸣老人，泽州晋城(今属山西)人。章宗承安五年（1200年）举经义进士第一，官应奉翰林文字。卒谥“庄靖先生”，故集名《庄靖集》。

图1-10 乾隆年间的地契

图1-11 光绪年间的地契

军需，明王朝制定了一系列经商的优惠政策，同时，巨大的人口使得山西的人均可耕种面积已严重不足，在这种双重刺激下，山西的商业蓬勃发展起来。从最初以家族为群体的经营模式到后期的以乡土纽带为特征的帮会体制，晋商不断积累着资本，商业范围也扩展到了湖广、西北、蒙古、俄罗斯等地。商人赚到钱后，往往回家乡置地建豪宅，以此光耀家族，是为"荣归故里"。大周村至今尚保存有一些明代建筑，展示着大周村昔日的繁华。

而明末的动乱，使村子一度走向衰败。据《武氏家谱》记载，明朝末年，"自崇祯壬午岁，流寇肆毒，焚掠杀虏，死伤逃亡者十之二三，恍同秦人一炬万□□飞一旦。富庶之乡易而为□砾之场焉"。延至清朝，晋东南地区的动乱逐渐平定，由于长期对境外满族人输送物资，甚至传递文书情报，山西商人得到清政府的额外支持，以至空前庞大。在大周村，诸如武氏家族、白氏家族等村中望族皆以经商发家，从白家保留下来的这几张地契我们可以一窥当时的经济情况（图1-10、图1-11）。富裕起来的村民开始重建其毁于战火的家园，大周又恢复了以往的生机，甚至更胜于往昔。及至康熙年间，大周村已是"规模宏阔，敌楼四，城门五，墙垣周匝，雉堞危耸，几几乎一邑治形势矣"。此时的大周村作为区域内的中心，下囊东 （今东周村）、西 （今西周村）、东大社、西大社、北寨、西寨及朱家寨。镇内主要有东武、中武、西武三条主干道，在石塔仓巷、申明堂、上街、下街之多处设立集市，有李家、车家、杨家、朱家、樊家诸巷道，及炉头圪、塔庵胡同等等不胜枚举。同时，以资圣寺为中心，其东建有仓库，"内积仓谷数百石，备岁荒也。弓矢火药储一切武备之器，戒不虞也"，仓库另一侧建有官厅，同时，"设公座，管理集市，估平市价，且报堡正、堡副二名，拨巡夫以查奸宄之徒"；"人习正业，俗不浇漓务本，尽力于田园。行商者，经营于四方，闻人达士，每接踵而起”[1]。此时的大周，规模宏大，制度完备，人人安居乐业，尽显欣欣向荣之景，难怪此时的大周村被邻村夸为“金周纂”，诚泫南之巨镇也。

现在，当我们徜徉在这一座座深宅大院里，品读诸如“马蹄圪洞、当铺圪洞”的巷名时，眼前似乎浮现出当年周纂镇车水马龙的繁华胜景，耳边犹回荡着串串叮当声和“嗒嗒”的马蹄声。

3.武氏家族

武氏家族为村中一大望族，其迁入大周村的时间较晚，约在明季，后不断发展壮大，人丁兴旺，家宅雄厚，现在大周村西南部尚存有大量的武氏家族的建筑群。

据大周村《武氏家谱》（图1-12）所载，“周平王少子，生而有文（通“纹”）在手，因氏焉”，即是说，周平王少子姬武应出生时，手掌上的纹路像“武”字，因而其后代以此为姓，这就是“武”姓的来源。

武氏家族渊源久远，历史上曾涌现出大量的著名人物，此家谱上所载的名人有：“晋，武周，字伯南，沛国竹邑人，仕至光禄大夫，胡质曰：伯南雅士三子，陔、韶、茂，皆总角见称。有器望，同郡刘公荣见之曰：三子，国士也。”唐时，除此家谱上记载的武甄、武攸绪、武元衡、武儒衡外，还有武三思、武周等人。其中，由于武

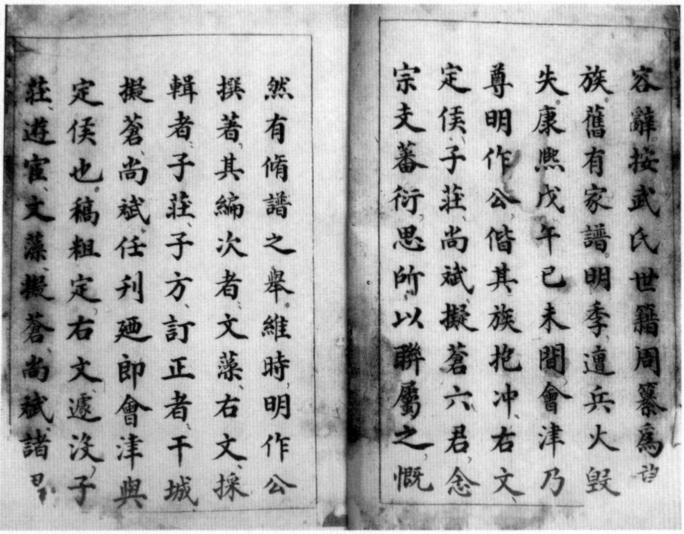

容辭按武氏世籍周纂爲
族舊有家譜明季遭兵火毀
失康熙戊午已未閒會津乃
尊明作公偕其族抱冲右文
定侯子莊尚斌擬蒼六君念
宗支蕃衍思所以聯屬之慨
然有脩譜之舉維時明作公
撰著其編次者文藻右文採
輯者子莊子方訂正者干城
擬蒼尚斌任刋廼郎會津與
定侯也稿粗定右文遽没子
莊遊宦文藻擬蒼尚斌諸昆

图1-12 武氏家谱（局部）

1 本段所引史料来自《武氏家谱》（清）中“周纂纪略”。

周（即武曌，则天皇帝）称帝，致使武氏家族在唐代盛极一时。宋时武敏之曾撰《三十国春秋》三十卷。延至明代，陵川人武思明，为弘治壬戌科进士，知金坛县，“士民乐其廉正，入官末期，梗硕屏迹，众号神君，秉性朴素，补衣粝食，不啬寒酸，还里益负高洁，尚友古人，好以所学教人，门多达者”。[1]

大周村武氏家族，“系出沁州”[2]，沁州，即现今沁源县[3]，“自唐时避乱文中，文中移居沁州，自明洪武定鼎，迁徙高平始至泫邑”[4]，“编为古寨南里四甲，后攒里编为回山里八甲，世居周纂镇盖三百年于兹矣，瓜瓞绵绵号称世族”[5]。其始祖为安达、安定、安邦、安道四兄弟，其定居大周后，分为东西二户，其以“良善传家，世称忠厚”[6]，逐渐繁衍壮大。

大周村武氏家族以经商致富发家[7]，逐渐成为村中一大望族，并为村民做了诸多善事。据家谱中记载，“三世枢创建高阳堡，踞镇之北，顺治己丑之变[8]人赖以安。四世中立创建巩固堡，踞镇之西，明崇祯己卯之饥及顺治己丑之变镇人悉赖之”。[9]明末清初，战火纷飞，地处军事要地的大周村更是饱受荼毒，武氏家族在村北修建了高阳堡，在村西建有巩固堡，以保障村民的安全；同时，在村东头出资修建落灵庵，以用于停放客死异乡之人的灵柩。

家谱中记载比较著名的大周村武氏人物有武敏政（1605～1690？年），又称明作公，是大周武氏的第四世祖。明崇祯年间，流寇荼毒，战火肆虐，焚掠杀戮，村民死伤众多，武敏政遂在村外修建巩固堡以保卫村镇。然而，大旱又接踵而至；与此同时，一个叫朱全的土寇趁机作乱，鱼肉百姓。武敏政不忍村民受苦，紧急赶往高平县请来大帅救兵，使得“渠魁授首，胁从解散，不终期而妖氛为之扫平”[10]，而武敏政考虑到此围捕行动过于仓

---

1 清《武氏家谱》——武氏考略。

2 清《武氏家谱》——武氏考略。

3 清《武氏家谱》——创修族谱序说。

4 沁源县，地处太岳山东麓，山西省中南部，省会太原市东南，长治市西北部。东邻沁县，南接屯留、安泽、古县，西连灵石、霍县，北靠平遥、介休。

5 清《武氏家谱》——创修族谱序。

6 清《武氏家谱》——创修族谱序说。

7 清《武氏家谱》——武氏族谱例。

8 武氏家族于村东修有落灵庵，为客死异乡者遗体回村的停灵处，由此可推之，武氏家族中有很大一部分在外从商。

9 顺治几己丑之变，即顺治六年（1649年）山西爆发农民反清起义。

10 清《武氏家谱》——行踪志。

促，恐误杀无辜，因此特地向大帅求情，“因复乞示以安余良，此时网开一面，全活者数十百人不止”[1]，足可见武敏政一身凛然正气而又不失宽大仁爱。

武氏家族不但善于经商，在官场上亦有建树。武超，因立军功，被封为左都督管，福建陆路提标前营游击，诰授荣禄大夫。其父、祖父乃至曾祖父皆因此受到封赠，可谓是光宗耀祖。

武氏家族家教严厉，对他人却谦虚有德。家谱中《武氏族谱例》载：“祖宗良善传家，世称忠厚，故尔世泽遐长，宗支藩衍，后人读斯谱者，当思祖功，宗德之培植，勿自败以玷家声”；“纪世家史不同史志，凡铭表艺文，无论他人翰墨，未免溢美词章末枝无口行实，若果有德行，事功直书自见，焉用此繁缛为而如潮如海之章足以垂不朽者庸显晦于家牒乎，因概弗登至若。”由此可看出，武氏家族不但教导武氏族人要忠厚良善，同时要诚以待人，不虚荣、不图虚名，其质朴之心，煌煌可见。

二、大周村的民间习俗

《泽州府志》载，大周地区百姓“淳而好义，俭而循礼，勤于力田，多嗜文学[2]”。今日，这里民风依旧淳朴，勤劳、节俭的生活态度依旧未变，村民关系和睦，呈现出一幅鸡犬相闻、路不拾遗的祥和景象（图1–13），一些古老的习俗也随时间一同积淀下来，成为宝贵的文化遗产。

图1–13 大周村民居庭院局部

1 清《武氏家谱》——周纂纪略。

2 （清）朱樟.泽州府志·风俗.山西古籍出版社，2001.

1.民间宗教

同古代中国大部分地区一样，大周村的民间信仰呈现出一种杂糅交织、闲散随性的状态。在这里，来自印度的佛教、本土的儒教、道教以及各种民间原始宗教相互交融，相互渗透，非常和谐地共存着，这在大周村的宗教文化层次上主要体现在两方面：

其一，所信仰的神祇种类繁多。大周村所信仰的神祇大体有以下几类：（1）佛教神佛，如观音大士（供奉于观音阁）、毗卢佛（供奉于资圣寺毗卢殿）等；（2）道教神仙，如火神（供奉于火神庙）、水神（供奉于汤王庙）；（3）儒教先圣，如孔子（供奉于宣圣庙）；（4）民间诸神，如牛王、降雨姑姑、树神等，这类神大多从民间传说、原始宗教里产生，如姑姑殿、牛王庙、举三庙等庙宇都供奉这这类神祇。

其二，大周村不仅宗教信仰对象繁多，还有不同种类的神共处一室，共同享受香火的现象。大周村古时又称“七十二全神庙村”，远近闻名；其实，“七十二”并不是指庙宇的数量，而是指神龛的数量，因而可能一座殿堂里共列着多种神龛。而大周村民对此不但不反对，反而非常乐于表现这种融合的状态。如《高平县重修三皇五帝庙记》中所记载，“人根之祖司厥江河，如金口夫王此，又目前切近之口口，尝追思而崇良也，斯庙一立者，若皇若帝若王，熙然共列于一堂”[1]。“熙然”二字，足见村民对这种多元化的宗教状态欣然的态度。

图1-14 街角的神龛

图1-15 城门上的五道将军神龛

图1-16 民居院门后的神龛

1 《高平县重修三皇五帝庙记》立于大明万历十五年（1587年），现在大周村三皇五帝庙内，碑文详情见附录。

图1-17 庙宇内喜庆的气氛

图1-18 坎洞阁楼上的观音堂

在大周村，无论是街头巷尾（图1-14、图1-15）、宅前屋后（图1-16），还是庙宇之中（图1-17），都能见到神龛。对村民来说，神不是不食人间烟火、高高在上与世隔绝的，相反，他们已融入村民的日常生活。一块红底黑边的绸布（图1-18），或是一幅剪纸作品（图1-19），一个小陶罐，便构成一方神龛，而这样的神龛，在村内随处可见，它们已成为村民生活中不可或缺的一部分。此外，除大的祭祀活动外，村民平时的祭祀方式非常随意，常常几个馒头，一小碟水果（图1-20）就可以充当祭品，抛却了繁缛的祭祀礼仪。村民在祭祀神祇时更多是表达自己对生活的美好祝愿，而非仅仅对神的膜拜和服从。

图1-20 初一时的酬神祭品

大周村村民对待宗教的态度是如此的轻松、随性与宽容（图1-21），一切在这里都显得那么自然与和谐。有时，人们不禁会问，到底是大周村民原本无拘无束的性格造就了这种大融合的宗教局面，还是这种多宗教共存的文化滋润出大周村民宽和的性格呢？

图1-19 汤王庙内以剪纸代替神像

图1-21 汤王庙内神像

2.民间艺术

大周村如今仍保留着大量的民间艺术，如精美的剪纸，表达人民喜怒哀乐的八音会，高超的砖雕、木雕工艺等。这些手工艺术代表着大周村昔日的辉煌，是十分宝贵的非物质文化遗产。但同中国大部分民间艺术一样，存在着难以延续的难题。大部分民间艺术如剪纸、八音会等都由老一辈所维持，年轻人不再愿意学习这些技艺，民间艺术该何去何从，使得老人们忧心如焚。

图1-22 大周村汤王庙殿内剪纸作品

大周村剪纸（图1-22）阴刻、阳刻并用，线条流畅，图案丰富，色彩明艳。题材除宗教人物外，也包括花鸟、动植物等。这类剪纸往往剪出人物服饰，以服饰的不同变化来象征各种神祇。汤王庙内作品底部以线条表现海浪、山峦，上部左右饰以瑞兽，中间为象征富贵繁盛的牡丹花。整个作品纤柔轻盈，华丽而不流于繁冗，用刀娴熟，线条流畅，令人赏心悦目。剪纸容易损坏，但大周村民却乐此不疲地创作着，剪纸艺术正像这片土地上生存的百姓一样，虽然很柔弱、渺小，但从不放弃希望，执着地默默耕耘。

图1-23 八音会表演

图1-24 八音会乐谱

除了剪纸之外，村民还喜用另一种形式——八音会（图1-23、图1-24），来表达自己的情感。八音会是一种民间乐团，在山西地区广为流传。古代把金、石、丝 、竹、瓠、土、革、木称作“八音”，八音会由此而得名。八音最早由鼓、锣、钹、笙、箫、笛、管等乐器组成，发展到现代，已有十多种乐器。八音会作为一种民间音乐组织，是老百姓表达自己喜怒哀乐的重要手段，不论是平时娱乐，还是婚嫁、丧葬，村民总要请上八音会；到了过年或节假时，更是配上诸如“九莲灯”之类的一系列舞蹈，欢天喜地、热热闹闹一番。八音会不拘于形式，有很大的即兴发挥的成分，因而具有强大的生命力。2006年，“上党八音会”经国务院批准被列入第一批国家级非物质文化遗产名录。

3.匾额艺术

匾额是古建筑的组成部分，为点睛之笔。《说文解字》中解释说：“扁，署也，从户册。户册者，署门户之文也”；“额”字，《说文解字》作“额”字解，即是悬于门屏上的牌匾。由此可知，匾额即是建筑的标题，它表明了一个特定建筑空间的性质、氛围及用途。

图1—25所示为落灵庵门洞上的匾额，此门前为露台，下有护城河流经，风光秀美。此“卧波”二字取意自“长桥卧波”，点出此地的景观特点。其中，“波”字“一波三折”，颇有水波涟涟之感；“卧”字苍劲有力，左部的“臣”更是如行云游龙，令人浮想联翩。

图1—25 落灵庵门洞上的匾额

图1—26所示为关帝塔入口门洞上的匾额，砂石阳刻，“毓秀”二字，取意自“钟灵毓秀”，不仅是赞叹关帝塔体态挺拔秀美，更是称赞其所处的水口环境集天地之灵秀，可谓一语双关，妙不可言。

图1—26 关帝塔入口门洞上的匾额

匾额上的文字多为书法精品，其在表达人们美好愿望的同时，既陶冶了情操，也兼有教育后人的作用。

4.民间传说

大周村流传着很多传说和历史故事。广为人知的历史传说有宋赵匡胤大战高平关、杨纂守城以及抗战故事彭德怀巡视大周村、张小双巧送鸡毛信杀鬼子等等。这些故事中，最为村民所津津乐道、深信不疑的便是花姑姑成仙的故事。

相传清朝道光年间，大周村一位姓李的姑娘，嫁到沁水县叫尖坪。叫尖坪地处山地，村内极为缺水。李姑姑的婆婆让她每天下山挑水，为了防止她在路上休息，婆婆特意把水桶做成上大下小的形状。李姑姑用她那双小脚在羊肠小道上来来回回走了整整三年，终于感动上天，玉皇大帝降旨，派太白金星下凡来拯救她。一天，当李姑姑挑水快到家门时，太白金星化作一位骑驴的老汉来到他面前，他向李姑姑要水给小毛驴喝，小毛驴把水喝了个精光，于是，李姑姑又回去挑水，一连三次，都被毛驴喝光。太白金星为答谢她的善心，便送给她一根杨柳枝，并跟她说，只要把柳枝往水缸里一拨，缸里就会灌满水。

从此，李姑姑再也不用每天辛苦地上下挑水了。她婆婆觉得很奇怪，为什么一连几天都不见她去挑水。她跑到水缸那一看，结果见那水缸中漂着一根柳枝，婆婆不明所以，直接将那柳枝顺手扔到地上。哪知那柳枝一落地便引来滔天大水，源源不绝，大水越长越大，眼看就要淹没整个叫尖坪。为了防止百姓受苦，李姑姑情急之下把缸翻过来，扣在柳枝上，可水势实在太猛，眼看就要压不住了，李姑姑索性整个坐在水缸上，大水把水缸连着李姑姑一齐冲上了天。水停息了，李姑姑也不见了，村民觉得李姑姑升天成仙了，为了感谢其恩德，为其塑像立庙，以示纪念，现在，每当遇到干旱，村民便用轿子把李姑姑的神像抬到需要求雨的村子里去，路途中不得停下落脚，因为轿子一落地，那地方便会降雨，非常灵验。

民间传说表达了人们对美好生活的憧憬及永不屈服的抗争精神。这些故事源于市井生活，真实地表达了人们的喜怒哀乐。从早期的桑林祷雨[1]、赵匡胤上高平关到花姑姑成仙、巧送鸡毛信等民间故事，我们可以间接地了解到大周村的历史片段及脉络。

1 “桑林祷雨”见第四章引注[2]。

【第二章】

大周古村的格局分析

GEJU FENXI

一、古村的外部空间

1.外部环境

大周村地属丹河流域[1]，其北依黄花岭，西方较远是香山，南有小山为掘山，东部为平地。诸山环邑，多为太行山支脉（图2-1）。其中香山“主峰海拔1178.5米，相传旧时松柏满坡，花香四溢，故名”[2]。古村境内地貌凹凸不平，其中北寨是村中制高点，四围地势逐渐下降，坡度缓和，至村南河谷一侧突然变化形成沿河峭壁（图2-2）。村南百余米处有前河、沙河两条小河，现水量已不大。河水静静地自西向东折向东南汇为东周河，最后流入丹河。

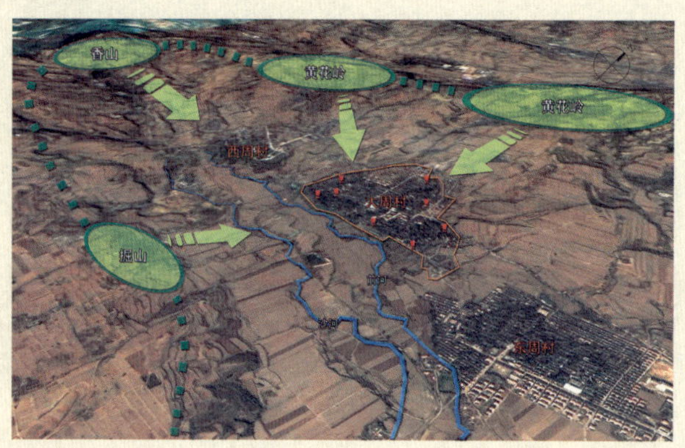

图2-1 大周村周边环境

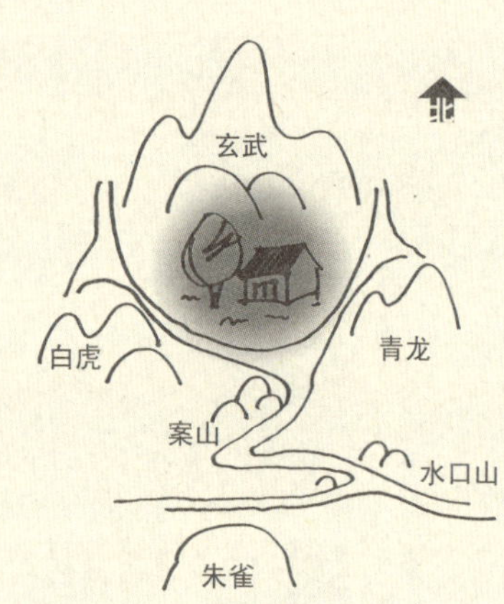

图2-3 山环水抱的地理形势

1 晋城市境内第二大河，发源于高平市赵庄丹朱岭，入河南省后注入沁河。
2 张保福、冯金堆著.高平史话.中国文化出版社，2007年，第137页。

图2-2 大周村全景

2.风水堪舆

古时风水理论对于村落选址的基本要求是山环水抱、地势平坦。具体说来，后有背山称玄武，左有小山为青龙，右有小山成白虎，前有矮山是朱雀，在这样一个山峦环卫的地方，还须有一汪清溪蜿蜒流淌，自山岭与平原之间缓缓而过（图2—3），这便是最理想的选址。符合此要求的村落不仅具有良好的气候条件，提供必需的生产、生活资源，更能满足人们内心的寄托与慰藉。

通过对大周村外部环境的分析，我们可以发现整个村落的选址与传统所描述的理想风水格局十分相似。村北黄花岭是玄武，西侧香山为白虎（图2—4），西南的山脉为护山，村南隔河而对的掘山为案山（图2—5），前河与沙河分别于村前绵延流过。山可以“藏气聚气”，水可以“载气纳气”，这样就基本符合了风水理论中关于“藏风聚气”的要求。从现代科学的角度讲，群山对村落起到了保卫的作用，河溪保证了饮用和灌溉，在山环水抱中更容易形成适宜耕种的温

图2—4 从刘家大花园看家楼上眺望远处香山

图2—5 大周村南的掘山

度和湿度，外来之“气”不能直接影响到小环境的内部。而这种由四周山峰呈环抱之势分隔出来的小环境便是风水中的“穴”。

正是借助这种依山面水、山环水聚、负阴抱阳、相对闭合的自然环境，大周村千百年来才得以延续发展、几度兴盛。

二、古村的布局特点

1.基本格局

大周村古时是军事要地，也是四方往来的交通重镇，城防的重要性不言而喻。古村旧时的城门按照方位与五行八卦形成了对应，所以被称为“八卦城”。村民口传宋初大周村驻守将领巧妙利用地形，依照五行八卦阵法进行规划建设，形成了村落独特的五行八卦布局：村东、南、西、北四处城门与中央阁楼成五行，分别对应五行中的木、火、金、水、土，东南、东北、西南、西北四个边角再加修四座城门与东、南、西、北城门共同组成八卦（图2-6），四个边角的“八卦”城门规模和重要性低于“五行”城门。同时每一处城门都结合了庙宇、楼阁等，更使得村子布局独特。具体说来：村东的城门楼内有关帝庙；北门外有城隍庙；村西建有七间阁门楼，上修祖师殿；正南有南城阁，阁中刻“朝阳”二字，旁带观音阁，内连资圣寺；东北门楼内接三官庙；西北门楼外侧有大王庙；东南角门楼上塑有神像，离

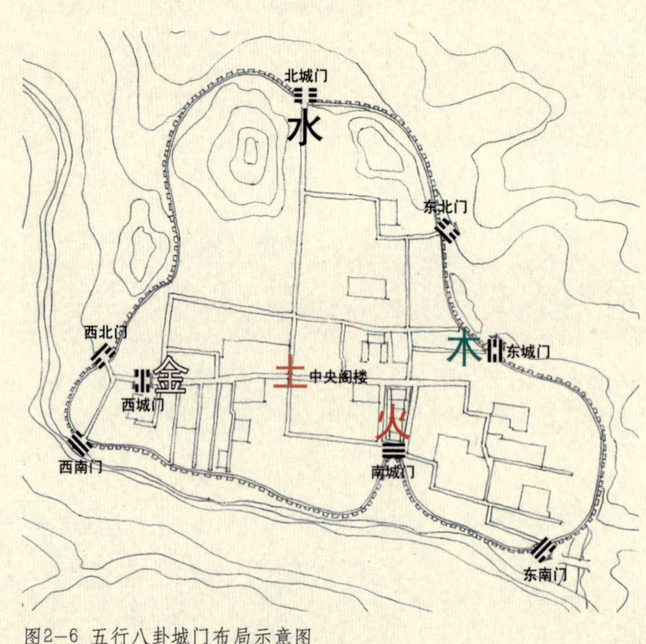

图2-6 五行八卦城门布局示意图

图2-7 清末大周村格局示意图

门楼东南百米处还有一座高入云霄的古塔，造形独特，附近护城河高崖处建有三皇庙，下为落灵庵，另古碑文中有曰："三皇□吾村巽地，临东来入镇之通衢，实合镇一巨观也"[1]；西南门楼外接古道（图2-7）。由于缺少相关资料，"八卦城"格局的具体建成时间已无可考。对于这种独特的村落布局，民间流传着"周纂镇，八卦城也"的说法。村中武氏家谱也有对旧时村子格局的描述："其规模宏阔，敌楼四，城门五，墙垣周匝，雉堞危耸，几几乎一邑治形势矣。"[2]

武氏家谱中还有一些关于古村功能布局的记载："旧制，资圣寺之东有仓厂焉，内积仓谷数百石，备岁荒也。弓矢火药储一切武备之器，戒不虞也。仓之侧有官厅焉，每于殷实者，报集头老人一员，奉委署给答刑，设公座，管理集市。"[3]从中我们可以了解到在清康熙之前，资圣寺的东侧有粮仓、兵器库、官厅等设施。现在资圣寺以西依然有酒坊院和集贸南街的名称，可推测资圣寺西边就是古时集市的所在地，加之资圣寺是重要的宗教活动场所，所以古时的南城门内是村中最繁华的区域，时至今日依旧如此。

古时村城墙内还有大量的农业用地。根据村内老人的回忆，新中国成立前村城墙内北部大片和南门西侧一片为农业耕地，此外还有较小面积的耕地零散分布于村中。古时修建城墙是一件极耗财力和人力的工程，大周村城墙的修建利用古村北部的沟壑，将峭壁用土坯加固，成为城墙的一段，反而节省了人力物力。

---

1 重修三皇廟高禖祠太三殿即河亭后厂并创建东北耳房记，大清道光四年九月上浣榖旦。

2 武敏政，武氏家谱，清康熙二十七年。

3 武敏政，武氏家谱，清康熙二十七年。

图2–8 西城门

2.城门

大周村现存有西城门（图2–8）和西南门（图2–9）。西城门可谓村中的标志性建筑，高耸的城墙和城门上沧桑的祖师殿在今日看来依旧有种宏伟壮丽的气势，旧时通过此门即标志着进入了古村。城楼下的门洞宽2.9米，拱顶最高处距地面3.7米，最低处2.75米，门

图2-9 西南门

内路面为缓坡，车马通行无阻[1]（图2-10）。从整体上看西城门各部分比例协调，造形优美，不失为古村古建筑中的瑰宝。相比之下，西南门体量则小巧许多，门洞宽2.3米，原高约3米[2]，十分显眼。门洞上题有“环澜”二字，阁楼开有两个圆窗，别具一格。

除西城门和西南门外，古村其余入口处的门楼都已无存，只能通过老人的回忆标记出大概的位置。值得一提的是“五行”城门中的中央阁楼，位于武家老宅南、西大街和东阁口南巷的交叉口上，也是古村旧时的标志性建筑，于1960~1961年拆毁。通过村中老人程裕生的回忆，我们只能想像出其大致位置和形式（图2-11）。中央阁楼为独立的砖砌城门，上带阁楼，其侧有台阶可以上下。门洞高约1丈2，约合4米，阁楼整体高度略低于西城门。中央阁楼地处十字道路交叉口，单一方向的门洞只能满足东西向的交通需要，南北向的人流、车流则需从两侧绕行阁楼。

此外，村中还曾有两座石牌坊当街而立，一座位于资圣寺西，另一座位于西城门外的交叉口上。由于新中国成立后村中修建水库时缺少石材，所以这两座石牌坊于1957年后半年拆毁用以建设水库。据老人描述，资圣寺西的石牌坊通体为石材建造，高约7米，设有猫耳头沟檐滴水，檐下无石刻、装饰，底部为四块巨石墩，临近两块间用铁杵连接，正中为官路（图2-12）。其建造原因有不同说法，一说曾经村中出有大官，建造石牌坊来体现自身排场；另一说古村曾是县城的选址，牌坊可提升村镇等级。

---

1 拱门洞一度有塌落趋势，于是村民在原拱门内侧又加修了一道拱券，这样西门门洞的最窄处宽1.9米，高2.55米。由于比古时的宽度还小，我们在拱墙上可以很容易看到农用车、摩托车等小形机动车因摩擦留下的痕迹，稍宽的机动车只能选择绕道而行。

2 由于地面高度垫起，现高度为2米。

图2—10 七间阁下的门洞

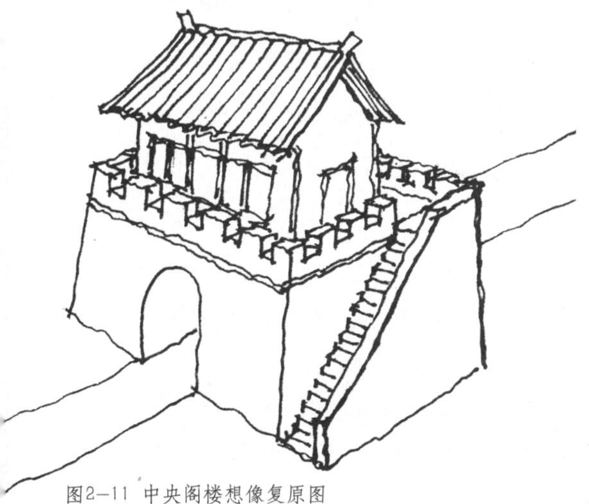

图2—11 中央阁楼想像复原图

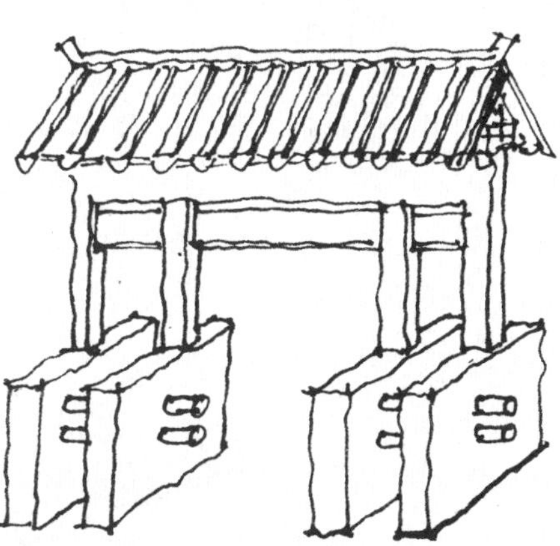

图2—12 石牌坊想像复原图

3. 城墙

大周村外围的八个城门通过城墙和经过加固的沟壑相互连接，从而起到防御的作用（图2—13）。村东部、南部、西部以及北部的沟壑已形成天然的保护屏障，但是为了能更好地起到防御作用，古人又对沟壑进行了加固改造，并在其侧修建城墙。如今村南尚能看到一段在陡坡上修砌的石城墙（图2—14），垒砌的石块规格统一，长约1.2米，厚约30厘米，石块码放整齐，块间缝隙较小。村东部一段为土城墙（图2—15），由于年久失修，植

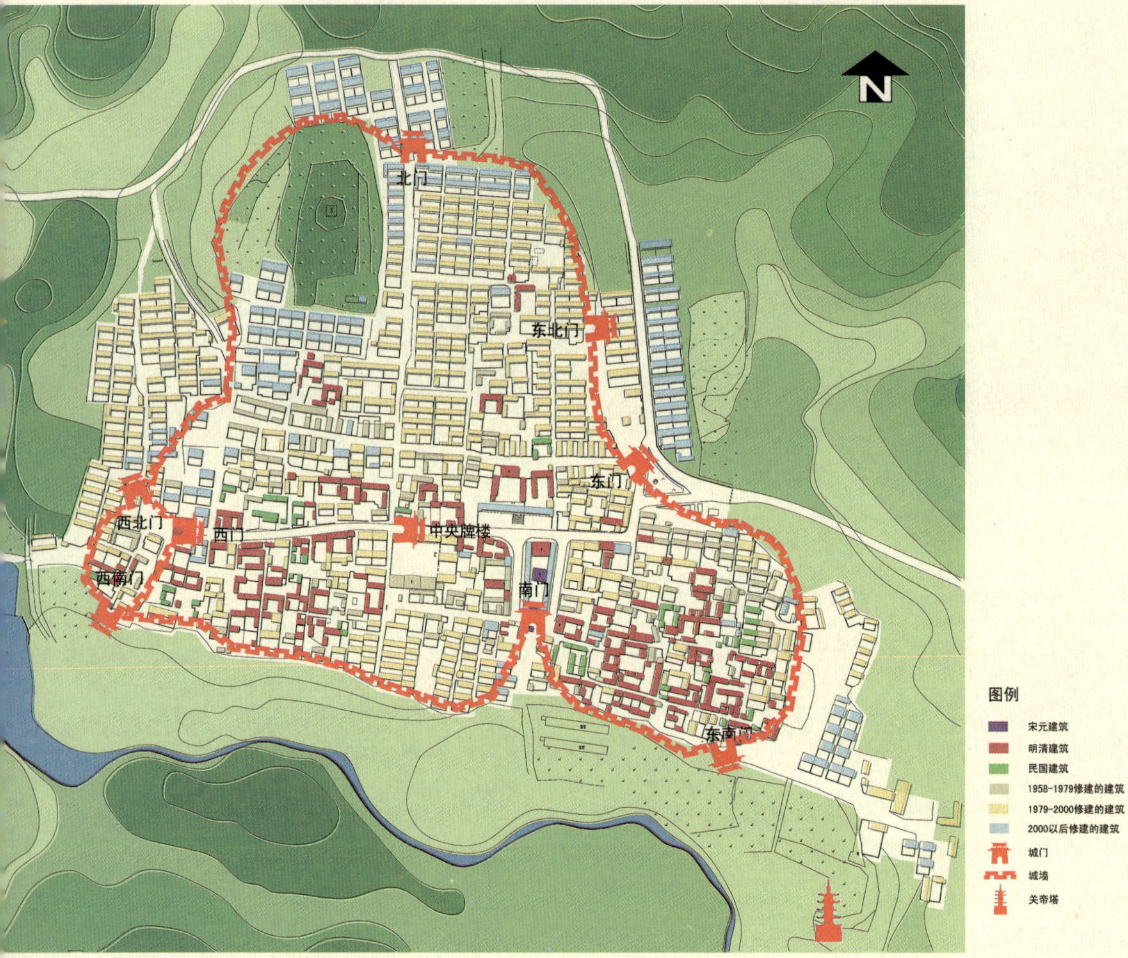

图2—13 大周村清代城墙示意图

物生长，看似与寻常土坡无异，但是其残存的高度及坡度仍然可见一斑。西北和北侧的城墙已毁，没有丝毫的遗迹。据村民回忆村北的城墙是由土坯加固的[1]，古时城墙高约数米，再加上当时充沛的水源形成的东、南、西三面护庄河（图2–16、图2–17），使得大周村的防御固若金汤。在冷兵器时代，城墙和沟壑形成的防御体系对保护村落安全起到了十分重要的作用。

图2–14 村南石城墙遗址

图2–15 村东土城墙遗址

图2–16 村东护城河河谷

图2–17 村南沟壑及村南掘山

1 现在那里是村中的新居住区。

4.家族分区

大周村不是单一血缘的村落，而是由多种姓氏组成的。随着经济的繁荣，先后有60余种姓氏迁入，构成了古老村落现在的姓氏结构。如今已很难梳理清楚这些姓氏中哪些是最早定居的，哪些是后迁入的，以及他们之间的时间先后关系。我们只能通过现存院落及遗址、村民回忆、家谱碑刻记载来推断清朝末期村中大姓氏的聚居地、宅院的分布情况（图2-18）。

武氏是村中大姓，也是村中唯一有家谱留存的家族。通过对其家谱的研读，可以知道武氏人丁兴旺，宅地众多。现存的武家院落主要位于西大街南北两侧[1]。

图2-18 大周村清末大姓分布图

1 这只是其中的一部分，此外还有大量院落被毁损、改建和拆除。

白氏院落集中在古村西南的马蹄圪洞，家族主要以经商、运输为业。

韦氏宅院集中在盐店圪洞，俗称韦家盐店圪洞。据村民回忆，韦氏主要以贩盐为业，由于古代盐业由官家垄断，私人是禁止贩卖食盐的，所以推测韦家与官府有着千丝万缕的联系。

李氏宅院位于古村东南部，原有众多宅院，虽其后人也难以道出祖上以何为业，但根据现在老宅院和毁损院落的范围也可一瞥李氏家族当年的兴盛。

村中还有段家大院、申家大院、刘家大花园、焦家大院、常家大院、程家大院、王家大院、秦家大院、酒坊院、琚家大院、许家大院、刘家大院等院落，由于拆改严重，现存多是一进或两进的院落，而旧时则多为数进院落。

5.关帝塔

位于山南水北的村落大多会出现村南地势较低的情况，所谓“负阴抱阳，互相损益”，为了取得“阴阳”的平衡，古人多在低处建高塔以“益之”，在高处挖水池以“损之”。所以，大周村东南加建一座风水塔就较为合乎情理了。大周村关帝塔（图2–19）的位置正是村出水口的高地上。水作为日常生活的基本资源，使得人们倍加关注。前河与沙河在此转向东南流往东周村，同时由于沟壑变宽，这里曾经形成了一个面积较大的水面。修建关帝塔的目的之一就是“镇”住这片生产生活必需的水源。

关帝塔除了弥补村东南地势的不利、镇守村前河流的水源来满足村民的心理安慰之外，还成为民间信奉关公的载体。山西商人把关公作为他们最崇奉的神明，以关公的“诚信仁义”来规范族人的行为和经商活动，把关公文化作为他们的伦理取向，关帝塔也因此得名。

如今塔下的沟壑已经干涸变为耕地，昏黄的夕阳下伫立的古塔似乎在向人们诉说着沧海桑田的故事。

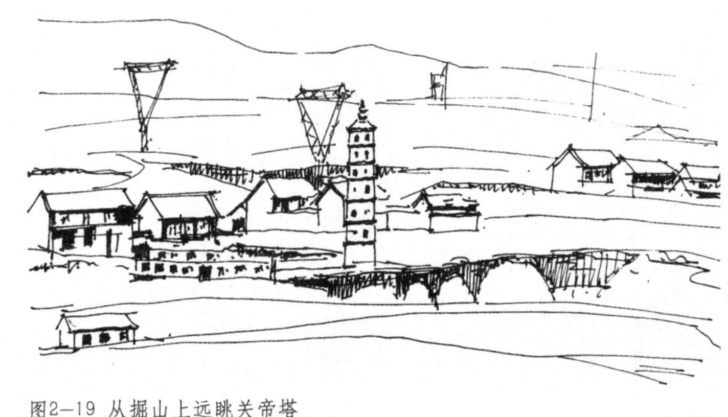

图2–19 从掘山上远眺关帝塔

图2-20 大周古地道

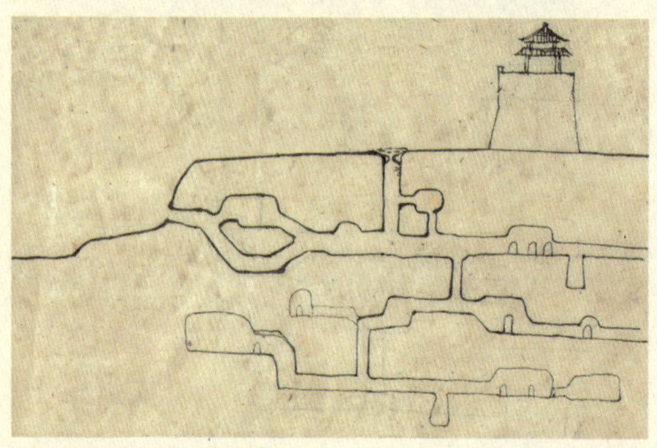
图2-21 地道剖面示意图

图2-22 地道内的通口

6.地道

大周村的地下有着庞大的地道系统（图2-20），具体建造年代不详，但肯定在新中国成立之前。历史上记载了古村周边多次的战争、起义、动乱，每一次都有可能成为地道挖掘的原因，并且很可能在随后的岁月中继续挖掘、扩展该地道系统。古时地道作为秘密的藏匿场所应该是相对保密的，这样才能在敌寇攻入城内后不被发现，从而保全村民的安全。这也解释了为什么村内现存的碑文、家谱中没有任何关于地道系统的记载。尘封已久的地道由于近百年来并未得到使用，以至于村民一度忘却了它的存在。在近些年村内生产建设的过程中才逐渐发现一些地道的出入口。如刘家花园和李家老宅的古井下就是地道的两个出入口，在村南的峭壁下也有一个较大的入口山洞。不过这些都只是地道系统的冰山一角，时至今日也没有人能说清大周村地下地道系统的完整布局（图2-21）。据村内多位进入过地道的村民描述，该地道工程庞大，四通八达贯穿全村，地道结构纷繁错杂（图2-22），内部有防火、防水构造，有气眼、休息、做饭、粮仓、放灯照明、陷阱等设施，具有较为完整的防御、生存体系。当初怎样组织民众进行如此庞大工程的挖掘，至今仍是个谜。

7.四坛

在古村周边旧时还有天坛、神坛、地坛与鬼坛，俗称四坛[1]。其中天坛位于村北黄花岭西侧的一块平地上，现在建筑完全拆毁，只留下一堆黄石头（百姓称其为达将），在黄石头的旁边还有一块大约二尺左右的四方沙石，上刻“天坛”二字，是仅存的标志。神坛位于古村西南，地坛位于南山的一片空地，二坛的建筑现已全部拆除，只有部分地基、瓦块作为其存在的证据。鬼坛位于村前河南岸东侧，又称乱葬坟，是当初埋死人的地方，到处白骨累累，新中国成立后虽开垦为农田，但还是能看见白骨，在夏夜偶尔会有磷火出现。

三、街巷空间

1.概述

大周村现有历史街巷十余条，多称为圪洞。历史街巷半数保留了原貌（图2—23）。这些古街巷多用砂石铺砌，很有特色。街巷两旁，宅院鳞次栉比，门楼显赫，古匾斑驳，具有一种沧桑之美。古街巷宽窄各不相同，或拾级而上，或曲径通幽，或通达开阔。古时的重要街巷主要连通各城门，与现在的路网系统大不相同（图2—24）。

圪洞或称圪同、圪当，是当地村民对于村中次级街道或是可以入户的巷道的称呼。圪洞的称谓在山西中南部、沁河流域较为常见。从圪洞的多种书写形式就可以知道其称呼早期只是口头相传，并没有确定的字形。这和同样从方言音译过来的胡同、里弄极其相似，都具有很浓郁的地方性。古村中街巷名称里出现圪洞的共约10条，这些街巷都是村中的历史街巷，分布于古村的中南部。圪洞也有活圪洞和死圪洞之分，前者沟通两条或者更多的主干道路，后者只有一个开口，末端深入各院落并在内部中断。

从武氏家谱中我们能部分地了解到当年的街巷情况：“至于区画，井里，街巷东武、中武、西武之名街。市有石塔仓巷、申明堂、上街、下街之分。更如寺后也，庙后也，兴李家、车家、杨家、朱家、樊家诸巷，及炉头圪塔庵胡同，麻地，种种地名，不胜枚举，

---

1 据村民王九斤、琚贵珠口述，程裕生记录。

图2-23 大周村现存历史街巷图

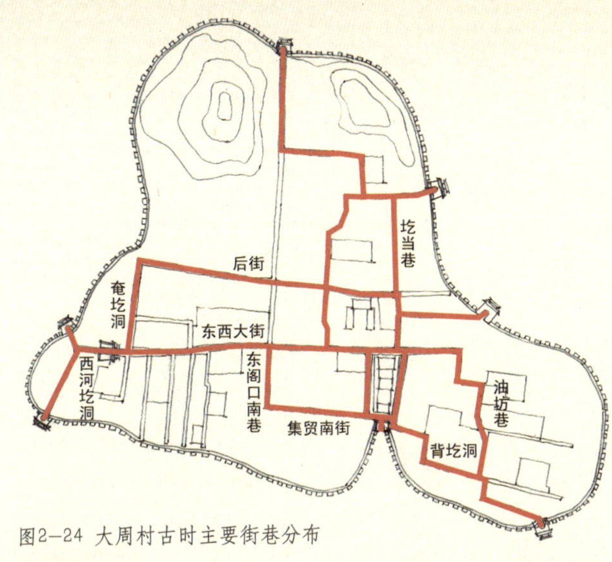

图2-24 大周村古时主要街巷分布

则是一都五里中居民稠密，烟火万家，无踰于此矣。”[1]从中不难看出古时街巷名称多以家族姓氏和所处重要建筑的方位来命名。然而随着时间的推移，除记载中提到的麻地圪洞外，其余名称都多少发生了变化，仅凭此描述很难将原有的名称和现在的街巷一一准确对应。

对比大周村清末街巷和现在村内街巷，我们可以发现，除了村东煤烟路消失以外，其他历史街巷都还在发挥着自己的作用。伴随着古村的成长，村中的街道也在逐渐地增多，大多数新的街巷都没有名字，周围的建筑也都是新的，与历史建筑区形成了鲜明的对比。

图2-25 繁忙的西大街现状

2.典形街巷

1）东大街、西大街

东大街、西大街（图2-25）是大周村东西方向的主干道路，全长约500余米，是连接大周村东西城门的要道。旧时有中央阁楼当街而立，两侧有武家大院、酒坊院、汤王庙、资圣寺等建筑，并且连接了绝大部分的南北向街巷，其重要性不言而喻。古时东西大街的宽度只有1.1～1.2丈，约合3.7米，正好可以满足两辆马车相向通行[2]。

1 武敏政，武氏家谱，清康熙二十七年。

2 现如今大街已经被整治扩宽为8米，并且硬化了路面。作为村中的主要街道，东西大街也承担了村中一些公共生活职能：这里有较为集中的商业活动和体育休闲设施，村委会、活动中心、小学、戏台都分布在街道两侧。村内居民的婚丧嫁娶、庆典娱乐、买卖交易也多在此进行。

2）西南圪洞群

大周村西南部是保存较为完好的历史建筑区，位于西大街南侧的圪洞呈南北向平行布置，其中偶有横向的连接，长度从50米到100米不等。构成西南部的圪洞群，有的是只有入口没有出口的“死”路，有的则能通到村南的沟壑。街巷旧时的名字一直沿用下来，从名字中基本能推知过去圪洞里住的是什么人，做的是什么营生。

马蹄圪洞（图2–26）：又称麻底（地）圪洞，圪洞内古时多为经商者居住，具有浓郁的商业氛围，现存主要有白家院、书房院等。商人大批运输货物，时间长了，骡马竟然在砂岩巷道内踩出一溜马蹄印，马蹄圪洞的名字由此而来。

图2–26 马蹄圪洞

当铺圪洞（图2–27）：紧邻马蹄圪洞。巷如其名，圪洞内院落主人古时主要以经营当铺为业。说起当铺，我们的脑海中随即会浮现出古板的从业者，高大的柜台以及门外挂着的巨大“当”字。虽然现在这条街巷已经看不到任何当铺的踪影，但是它仍然给人一种神秘之感。

图2–27 当铺圪洞

图2–28 高楼圪洞入口阁楼

高楼圪洞（图2–28）：此巷因高楼众多，故名。现存主要有刘家大院、许家大院、武家大院等。高楼圪洞长度较短，从入口的门洞能一眼看到尽头（图2–29）。入口处的过街楼将圪洞内的空间和外部街巷进行了划分，过街楼上题有“守望”二字，成为高楼圪洞的一个独特标志。过街楼内侧原有楼梯可以上下，现已

图2-29 高楼圪洞入口

图2–30 高楼圪洞内部

改建用砖垒平。圪洞笔直，两侧由门楼和高墙组成的界面连续完整，一条条清晰的砖缝向尽头延伸，形成很强的空间透视感。置身其中，有种被“扭曲”的感觉，压抑得令人透不过气来（图2–30）。古时这里是富人居住的区域，各院入口大门处多有精美的木雕和石刻。

图2–31 府圪洞中的拱门

图2–32 府圪洞中的石台阶

府圪洞（图2–31）：府圪洞两侧的建筑多只有一层，且圪洞较为狭长，可以一直通到村南的沟壑前，尽头处略带转折的条石台阶给人豁然开朗的感觉（图2–32）。古朴的砂石铺地、沟壑内葱郁的植物也体现了人与自然的和谐。

盐店圪洞（图2–33）：此圪洞内的韦氏家族以经营盐业为生，故而得名，同时圪洞内也有武氏家族的众多宅邸。现存主要有韦家院、武家祠堂院、武家灵堂院。盐店圪洞十分狭窄，但是两侧院落高低变化，多有屋檐出挑，有的入口空间退让街巷，也使得街巷空间富有变化。

图2–33 盐店圪洞

图2-34 李家巷入口处的拱门

3）李家巷

李家巷为南北向，从汤王庙西侧、西大街北的拱门开始一直延伸到古村北部的火神庙南，总长近200米。周边分布有李家巷老宅、秦家大院、王家大院等历史院落。与西南圪洞群中各条圪洞不同的是，李家巷形状曲折，且又被后街横向分为两小段，所以整体并不连续，总是让人忽略它的存在。拱门上书“李家巷”，顶部还有装饰性的城垛（图2-34）。

图2-35 背圪洞

4）背圪洞

背圪洞（图2-35）位于大周村东南部，长约270米，其间两次转折，但整体走向为东西向。沿街有李家大院、段家大院、申家大院、常家大院和城东老宅。背圪洞是古时连接村中心与东南门的要道，时至今日也依然是交通较为繁忙的街巷。背圪洞平均宽度比西南圪洞群中各圪洞稍宽，宽约3米，与东西大街拓宽前的宽度大致相同，两侧建筑界面较为平整，少有大面积的凹凸空间。虽然该街巷两侧经过一些整改和新建，但还是较好地保留了历史原貌。

3.街巷节点

图2-36 大周村历史街巷节点

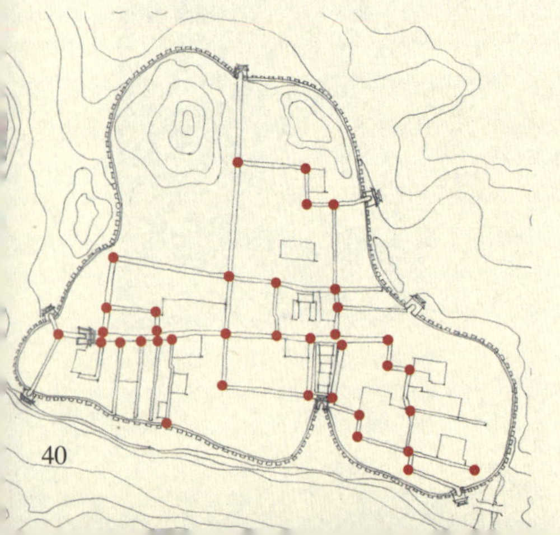

1）街巷交汇点

大周村中那些喧闹的大街和幽静的小巷互相交织形成了独特的路网体系。两条或是多条街巷交接的节点处，标志着一条街巷的终结和另一条街巷的开始。地形特征、地面铺装、建筑种类往往在节点处开始发生变化，同时这些节点也成为人们茶余饭后聊天休闲的场所（图2-36）。

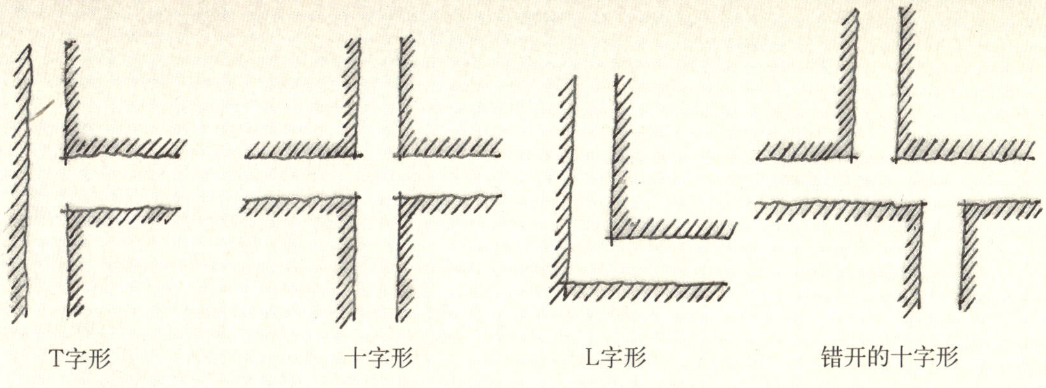

图2-37 街巷交叉节点

从形式上分析，大周村街巷交叉节点有四种形式：T字形、十字形、L形和错开的十字形（图2-37）。

对古村内部重要历史街巷的交叉节点进行统计分析发现：T字形占42.7%，十字形占11.4%，L形占40.2%，相错的十字形占5.7%，显然T字形和L字形处于主导地位。

在这些交汇处，空间往往扩大，一面砖墙、一个拱门洞、一颗古树，再加上几条砂石、青石，就形成了人们日常交流的室外空间。若在古村中闲逛，几乎在每个转角都能看到或是祖孙两代人的天伦之乐，或是妇女们织补的辛勤劳作（图2-38），或是老先生们之间的侃侃而谈。这些活动的具体地点也会随着季节的变化而作出相应的调整：在炎炎的夏日人们会选择在树下、建筑的阴影里乘凉，在

图2-38 妇女的辛勤劳作

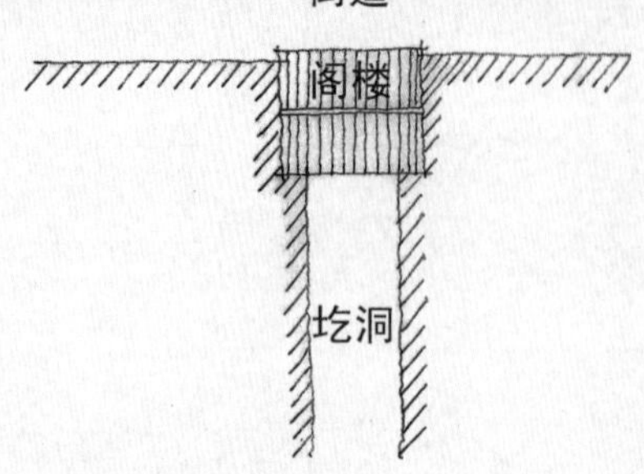

图2-39 T字形转角与阁楼

阳光明媚的冬日则会尽可能享受太阳带来的温暖。

在街巷交汇的节点处也常有一些过街楼。这些过街楼有大有小，功能不一，下部多有拱门。有的作为宗教建筑，有的则为私家使用。现存的这些阁楼基本都是存在于T字形节点上（图2-39），比如西河圪洞与西大街交汇处的七间阁、高楼圪洞和西大街交汇处的许家阁楼、焦家圪洞与油坊巷交汇处的针工阁、盐店圪洞与村南坡地山路交接的南小阁、西河圪洞出村口的西南门等（图2-40）。

这些形式、功能多样的阁楼有的是为了显示阁楼内院落主人的地位、等级，有的是为了保持街巷空间界面的连续性，有的则是宗教、伦理道德的宣扬，有的也具有防御的功能。不论基于何种功能，至少过街楼下的空

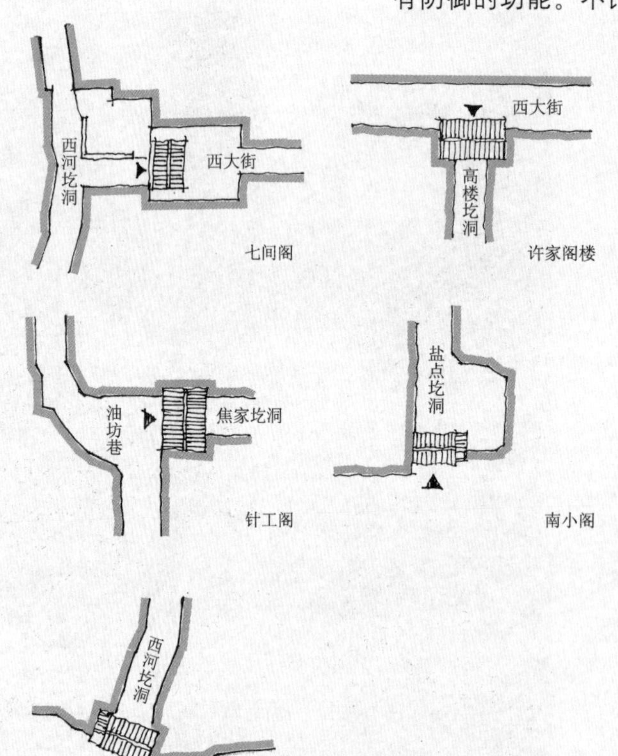

图2-40 街巷交汇处的阁楼

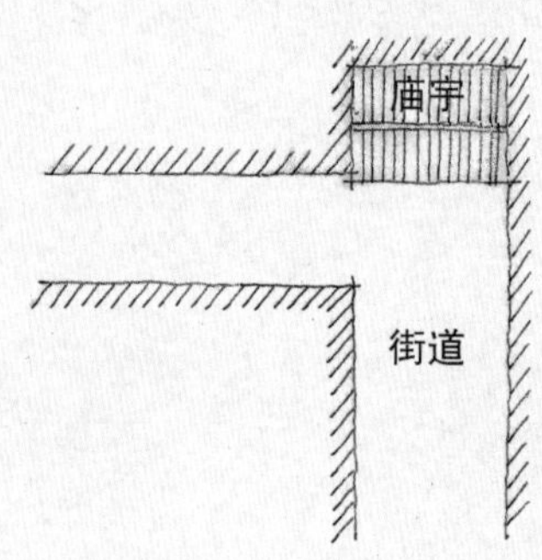

图2-41 L字形转角与庙宇建筑

图2-42 街巷转角的墙角处理

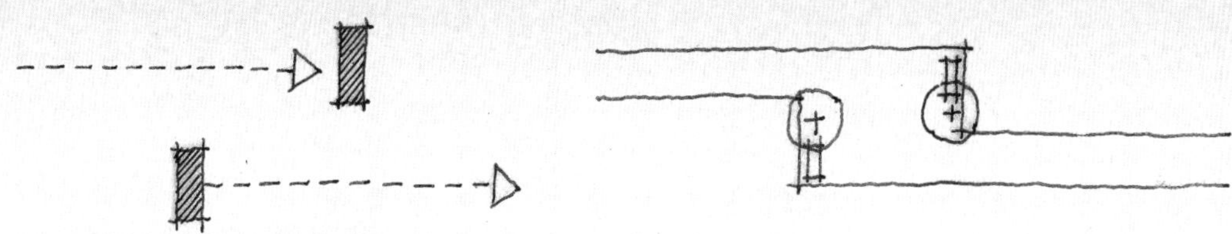

图2—43 道路偏置产生停顿的节点

间能给人们的生活带来很多的乐趣，极大地丰富了村落的空间形态。

在L形交叉口常有座庙宇建筑（图2—41）。传统观念中，宅院大门正对道路是不吉利的，所以在很多地方都能看到诸如“泰山石敢当”的石刻标志。这些被认为不适合建住宅的地方也就随之出现了一些宗教建筑来“化解”。很多宗教建筑都出现在L形的交叉口处，比如油坊巷的举三庙、背圪洞的三皇庙、圪当巷的火神庙、北堂巷的奶奶堂等。当然还有几个出现在T字形交叉口，如焦家圪洞和油坊巷交汇处的油王庙和资圣寺东南侧的五虎庙。

在街巷交汇处也会有方便生活的细节处理，比如：将转角处墙角磨圆方便车辆的通行，同时也让行人能够有更广的视野，避免在转角处发生意外（图2—42）。

2）停留空间

街巷的连接点往往形成一些停留的空间，村民可以在此稍作停顿。因此，连接点的交叉口处空间往往加宽，避开主要的活动流线，以确保有足够的空间。

在大周村自然发展形成的街巷中我们发现许多道路偏置的情况，它避免了“无止境”的视线[1]，产生了可停顿的区域“中间节点”（图2—43）。

停顿区域是道路沿途的放大节点，将路径分成若干段，又提供了沿途的休息区，而不会让人感到脱离了道路的方向。这种停顿区域形式较多，最为常见的是通过道路偏置将漫长的路径打断，还有就是在路旁开辟空间，这种空间仍是道路的一部分，却创造出独立的空间效果（图2—44）。

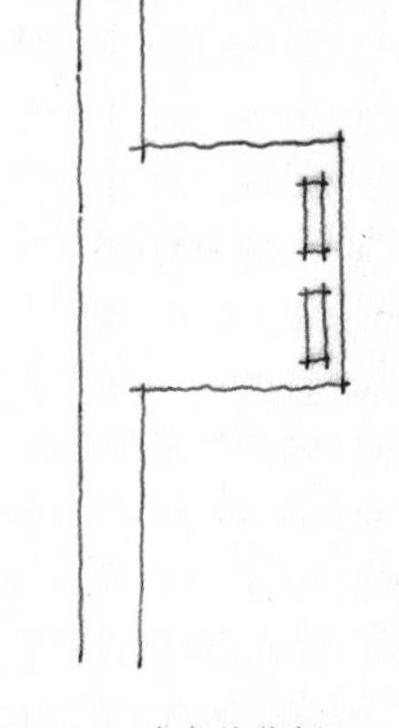

图2—44 路旁的停顿区

1 无止境的视线容易让使用者在入口处产生困惑，通过转折可以创造多个有结尾的街巷。

图2-45 路旁的“座椅”

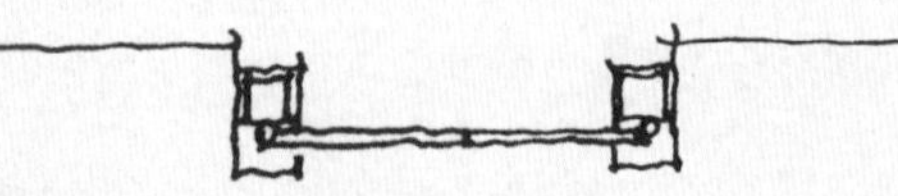

图2-46 大门两侧的“座椅”

街巷空间中院落门口的休息“座椅”(条石、门墩石等)的设置与环境进行了自然的结合。当道路较宽时，这些“座椅”是沿路旁布置的，简洁的条石与院落自然的建造材料十分协调，道路剩下的宽度仍然满足车辆、行人的正常使用（图2-45、图2-47）；当街道宽度较窄时，大门处的门墩石就成为凹陷的休息区（图2-46、图2-48）。这种并没有刻意去设计的“座椅”只是简单地使用石材，有时上面再铺层垫子，就成为村民做家务等工作的场所，比如择菜、缝补衣物、修理农具等。古村的这些空间十分令人羡慕，自然的休息区营造了一种十分和谐的生活氛围。

图2-47 路旁的“座椅”

图2–48 大门两侧的“座椅”

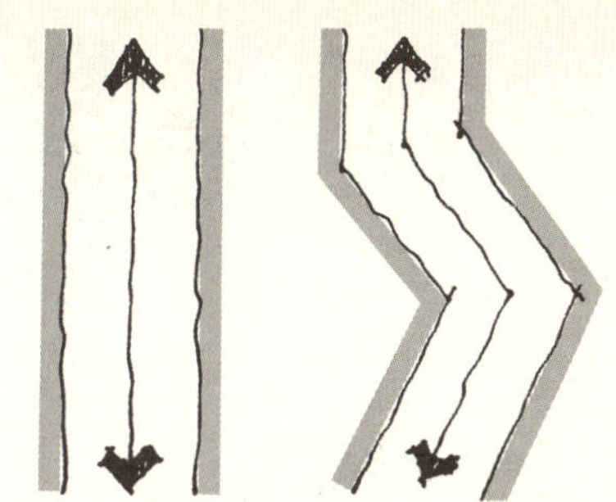

图2–49 笔直的街巷与曲折的街巷

3）街巷形状

大周村内街巷的形状不外乎为直线和折线两种（图2–49）。折线的街巷由众多的短直线街巷连接而成，两种不同形式的街巷有不同的空间体验。在直线的街巷中，由远及近的景物都能尽收眼底，行进过程中缺少新奇感，而在折线的街巷中则经常能在拐角处突然出现让人惊喜的事物（图2–50）。总体说来，笔直的街巷有利于交通，曲折的街巷则更有利于增加空间趣味，让人期待每一个在转角发生的故事。

图2–50 折线的街巷空间

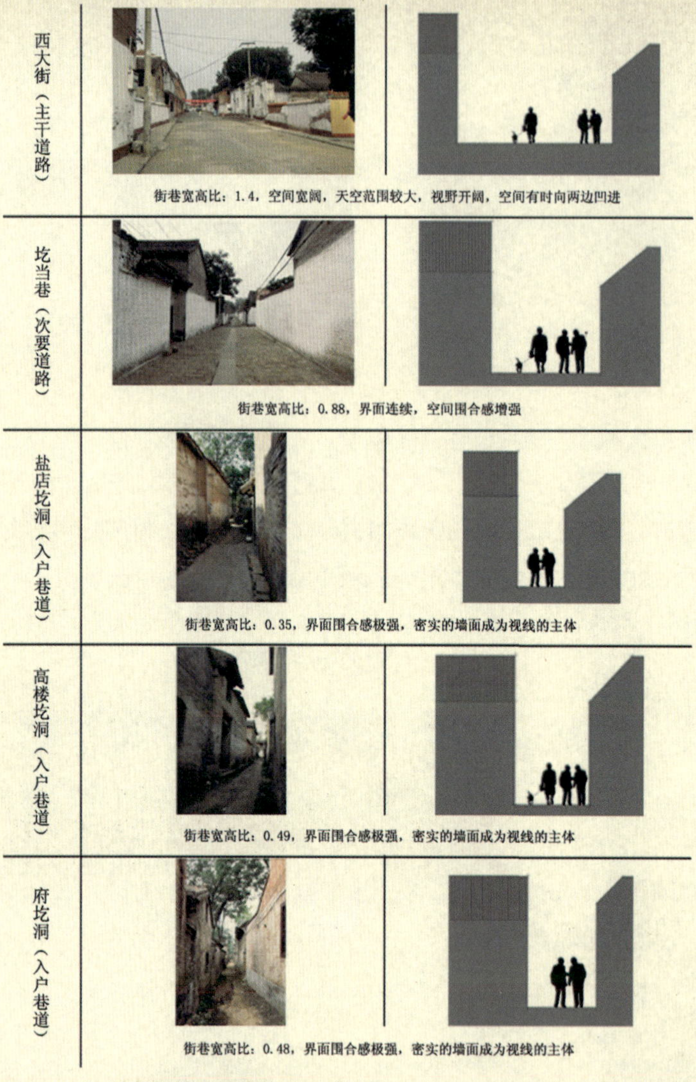

4.街巷尺度

西大街（主干道路）

街巷宽高比：1.4，空间宽阔，天空范围较大，视野开阔，空间有时向两边凹进

圪当巷（次要道路）

街巷宽高比：0.88，界面连续，空间围合感增强

盐店圪洞（入户巷道）

街巷宽高比：0.35，界面围合感极强，密实的墙面成为视线的主体

高楼圪洞（入户巷道）

街巷宽高比：0.49，界面围合感极强，密实的墙面成为视线的主体

府圪洞（入户巷道）

街巷宽高比：0.48，界面围合感极强，密实的墙面成为视线的主体

图2–51 街巷尺度对比

古村道路大体可分为三个等级：主干道路、次要道路[1]和入户巷道。其中主干道路宽约6～8米，机动车可双向通行。次要道路宽约4～6米，在狭窄处机动车要避让行驶。入户巷道多为3米左右，小形农用车辆可以单向行驶，这个尺度是满足古时人们生产生活需要的实际尺度，即骡马车通行的基本尺度。

村中现有主干道路4条，分别是东西大街、后街、奄圪洞和北大路，是村中机动车通行的主要道路，同时也都连通了村外的过境公路。

次要道路主要有圪当巷、东阁口南巷、集贸南街、背圪洞、西河圪洞等街巷。这类街巷中，有的是经过整改拓宽的新路，有的则是古时村落的主要街道。

入户巷道的数量较多，长短不一，形状各异，多保持了旧时的尺度。以下是针对三种不同街巷等级进行的街巷尺度的对比（图2–51）。

1 主干道路、次要道路多为新中国成立后拓宽原有道路而形成的。

【第三章】

大周古村的居住建筑

JUZHU JIANZHU

一、概述

1.院落概述

大周村现存有约30座历史院落，多建于清代，其中较完整的有武家大院、焦家大院、刘家大花园、琚家大院、程家大院等。院落群按照功能的不同展开，彼此紧密联系又相对独立，结合圪洞巷道形成棋盘格局，显得错综复杂。居住建筑的高度以两层为主，两到四层不等，高低错落，创造出一条条变化丰富的天际线。同时街道交汇转角处多有阁楼庙宇建筑，或设置影壁、石碾、水井等，院内四角多设角门，门上砖石雕刻，装饰小巧别致。

2.院落特点

1）院落形制

庭院是中国传统民居的核心，是内外空间的过渡（图3-1）。大周村众多的古院落正是这种思想的代表（图3-2）。在功能上，庭院是平面组成的中心，在日常生活中扮演了多职能的角色，容纳了日常生活的各项内容，如家务劳作、接客待友、休息聊天、敬神烧纸、日常起居等等（图3-3）。

图3-1 大周村民居剖面示意图

图3-2 大周村典型院落体块模型示意图

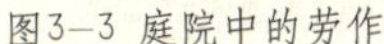
图3–3 庭院中的劳作

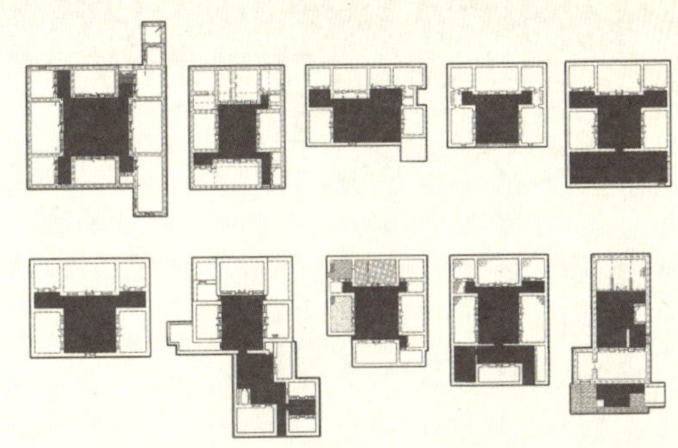

图3–4 村内部分院落庭院空间示意图

大周村民居建筑主要采用合院形式，庭院多呈方形，尺度较大，约为整个院落占地面积的20%～40%（图3–4），如：武家祠堂院庭院为总占地面积的19%，武家老宅夫人院庭院为总占地面积的29%，武家老宅书房院中庭院面积更是达到了总占地面积的38%。较大的面积使得院内日照较为充足。

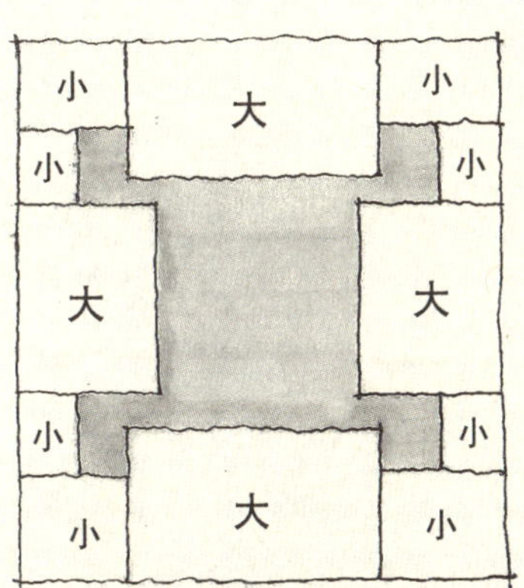

图3–5 “四大八小”院落布局

“四大八小”的院落形式是在山西东南部最为常见的建筑布局形式（图3–5），也是大周村中主要的居住建筑形式。“四大”指的是正房、厢房、倒座且均为两层（图3–6）。“八小”指在正房、厢房、倒座两端的单体，形式较多，有储藏性质的一层、二层、高度低于正房的小厦；也有三至四层高的“看家楼”，单独出现或者成对出现；有位于二层的过廊，用于连接两侧房屋，也有一定的储藏用途，并且有室外的楼梯上下连通。此种形式也经常有一些变体出现，如某个角落只有一个“小”或没有“小”，以形成院落的入口或院落之间的过渡空间。由此可见古人也并未死板地套用这种定式，而是根据地形、布局等实际条件灵活变化院落平面，从而创造出各具特色的居住场所。

图3–6 正房二层内

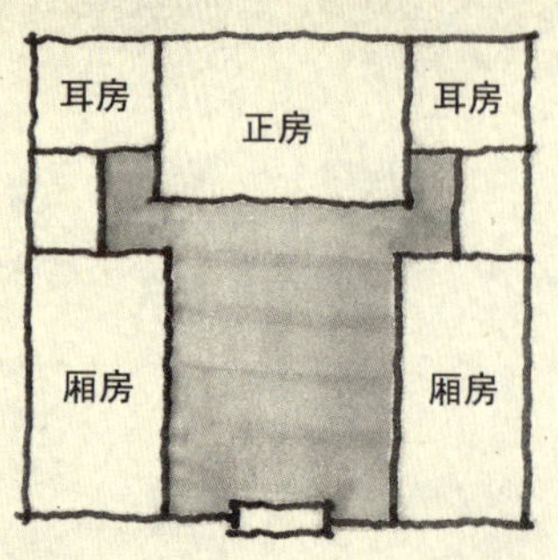

图3-7 三合院的布局

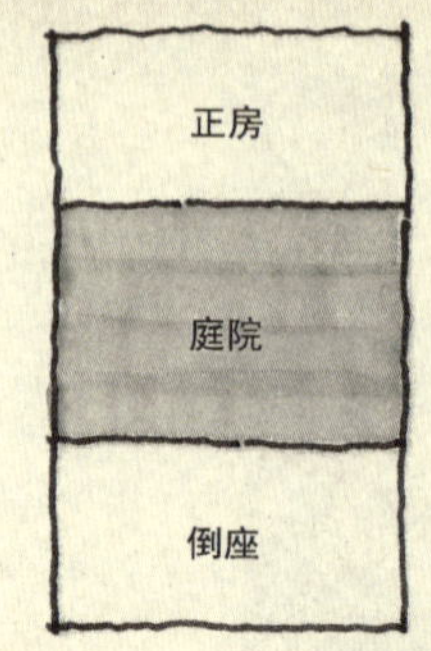

图3-8 二合院的布局

大周村内三合院也较为常见（图3-7）。三合院院落相比四合院缺少了倒座，平面似簸箕，所以也称为“簸箕院”。在倒座的位置取而代之的是一面院墙，墙上通常开有装饰精美的大门，有时院墙外侧有一个长方形院子作为进入内院的转折与缓冲空间。

二合院则只有两座主体建筑，用院墙围合出庭院空间（图3-8）。这样的院子在古村现存较少，有武家灵堂院和几处门房院、书房院。

村中还有少数两进院落（图3-9），前院只有厢房，后院则是一进形制完整的三合院，两院间用院墙分隔，中间由屏门连通（图3-10）。

在合院中，主体建筑多为两层。第一层层高较高，一般为2.8～3.8米，通常用作居住、起居之处；第二层层高较低，一般为2米左右，常用来贮藏粮食或杂物。垂直交通主要通过室内楼梯解决（图3-11）。古时的楼梯狭窄陡峭，人上下需十分小心，家具的上下搬运也多有不便。楼梯上方与上一层木质楼板相连，楼板上有可掀起的木盖，不用时盖起即可（图3-12）。由于古时人们的起居主要还是在首层，二层以上只是辅助性质的空间，所以采用狭小的楼梯，以减小室内的交通面积。

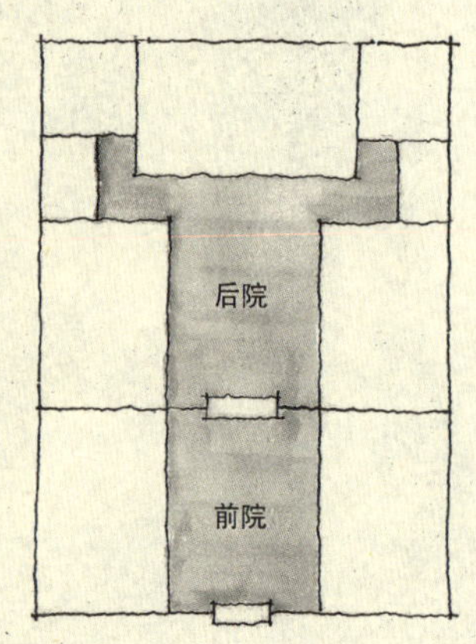

图3-9 两进院落的一种形式

图3-10 韦家大院第二进院院门

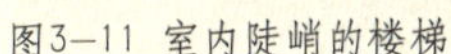
图3-11 室内陡峭的楼梯

图3-12 楼梯的盖子

正房室内多按“一明两暗”布局（图3-13），当心间为“明”，是进行年节祭祀祖先、丧嫁举行典礼的场所，“暗”则用作卧室等。

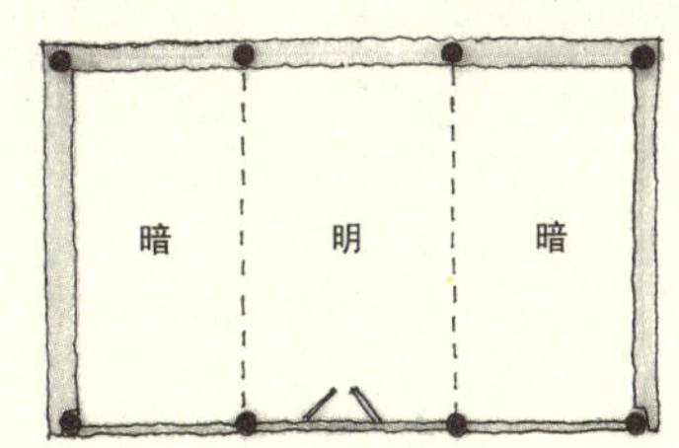

图3-13 正房“一明两暗”示意图

2）入口

旧时院落入口的选择十分重要。依据五行八卦（图3-14）的理论，东北方是不吉利的，一般不开门，东南方则是生气方、吉利方，所以多在此方位开门。大周村众多位于路北的院落，也将门开于东南方，其次在正南方，基本没有东北方的；路南宅院门多设于西北角上，这也是五行八卦中的次吉方向，从中我们可以看出风水思想对古代居民生活的巨大影响。

传统院落大门前的台阶体现了空间的过渡，而且具有强烈的指向性。后置的台阶呈现出一种私密性或者具有一定的限制，凸出的台阶体现出一种开放性或者具有邀请感，结合侧墙的入口则有种限制的感觉（图3-15～图3-18）。古人在建造时或许并没有考虑到这样的细节，只是根据地势和实际需要决定是否需要台阶。

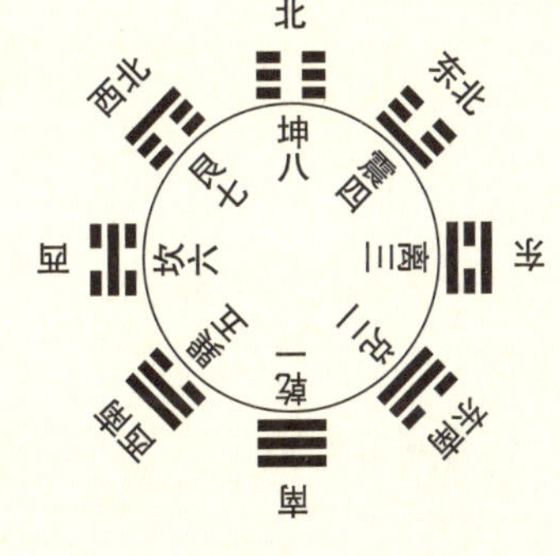

图3-14 八卦图

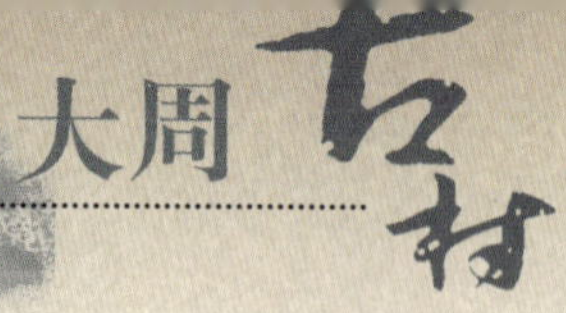

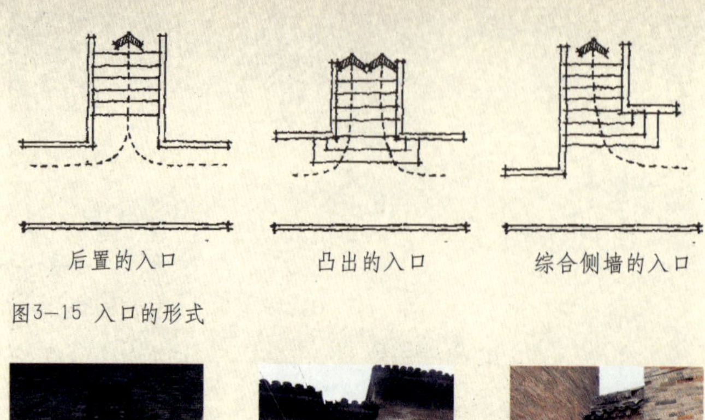

图3-15 入口的形式

古村中各院落历经风雨，几乎所有的大门都已经剥去了曾经浮华的装饰，展示出一种自然的木色。与高贵的红色大门和驱邪的黑色大门相比，显露原色的大门正是农家简朴生活的写照，展现出一种“洗尽铅华也从容”的气质。

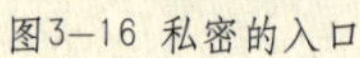
图3-16 私密的入口

图3-17 开放的入口

图3-18 限制的入口

3）看家楼

沁河流域[1]的古堡村落普遍建有“看家楼”，或称“风水楼”、“豫楼”。此类建筑在大周村多为三层或四层，在其他村落甚至更高。看家楼的作用有三，一是在战乱时观察敌情、防御匪患，二是作为储藏空间，三是具有风水堪舆的功能。这些风水楼若建在正房两侧，则可增加正房的高度，镇住宅宅，以接得自然界中的吉祥之气，同时也起到了丰富天际轮廓线的作用。

大周村现存的看家楼多位于院落的东北角和西北角。有的两座呈左右对称布置，如刘家花园位于正房两侧的看家楼，上下三层（图3-19）。有的则只有一座，位于院落一角，如焦家大院位于东北角的看家楼，上下四层（图3-20）；白家大院位于正房西侧的看家楼，上下三层（图3-21）；常家大院位于院落东南角的看家楼，亦为三层建筑（图3-22）。

4）立面

大周村居住建筑的立面有着统一的模式，虽然单体的尺寸、用途可能不尽相同，但是总能给人一种相似的感觉。这是立面的建筑材料和建筑形制共同作用产生的结果。

自明代开始，砖作为最主要的建筑材料开始在民间大量使用，这很大程度上是制砖业

1 沁河属于黄河下游的支流，接纳丹河后汇汝黄河，从较大的范围划分大周村属沁河流域。

图3-19 刘家花园看家楼

图3-20 焦家大院看家楼

图3-21 白家大院看家楼

图3-22 常家大院看家楼

的发达和木材的逐渐匮乏所致。在砖层层垒砌的过程中，如何在窗洞上方继续垒砌成为施工中的一个问题。由于室内要有足够的采光，窗户的尺寸需要有大约1米的跨度，对于这个宽度使用什么材料做过梁最合适呢？石材虽有一定抗弯、抗拉能力，但是其主要还是承受压力；砖可以通过起拱来实现，但是拱无疑也使窗扇的形状改变，导致不易加工；木材则有较强的柔韧性，抗弯、抗拉性能都很不错。于是在这三种常用的传统建筑材料中，木材毫无疑问地担当起了门窗洞上方过梁的角色。同样基于对材料的考虑，窗台石则选用了可以提供平整、坚硬台面的条石，以青石和砂岩为主，多有精美的雕刻。如此分析，不同材质在立面上的使用位置就成为一种必然。

院落中主要单体还有一种由秩序产生的美感。而秩序则是由建筑的形制决定的。主要单体建筑一般上下两层，面宽三间，即“一明两暗”布局，每层每间都开窗。这样就形成了立面形式。首层正中为大门，两侧开窗，窗与门上的过梁直接暴露在墙的外表面，不做任何装饰，深褐色的木梁一方面将立面进行横向的划分，另一方面也丰富了立面的材质和色彩，与颜色稍浅的砖墙产生不同的质感；二层的窗洞与首层的门窗洞位置上下对应，过梁有的较短，中间由砖隔开，有的则与首层相同（图3-23）。

图3-23 常见的单体立面图

与中国南方的民居相比，山西古村落的居住建筑出檐较小，这是相对南方地区降水充沛、日照丰富的不同自然条件在建筑上的不同表现。南方曲面外挑的大屋檐赋予了建筑一种飘逸灵动的性情，山西民居短小整齐的屋檐则透露出几分威严端正。这真是一方水土养一方百姓，同时也造就了建筑的形式。

5）排水

为排掉院落雨后积水，院内地坪会高于院外街道。降雨时，由于院落中地砖的吸水性会有一部分水渗透到地下，明显的地表雨水则会顺着自然的坡度汇到院子大门内侧，通过在墙上或地下开凿的排水口排出（图3–24）。几乎在每家都能看到在大门处的某块基石上开凿的排水口，积水顺着排水口或铺砖下的暗道排出院内（图3–25）。

6）居住与环境

中国的乡土民居积累了上千年的建造经验，各地人们结合自然条件，因地制宜，以最简便的手法、极低的能耗创造了宜人的室内外居住环境。与现代化的城市住宅相比，具有明显的热舒适度及节能优势。

作为山西传统民居的代表，大周村传统民居由众多合院组成多进深宅大院。这样的布局可以使建筑处于相互遮挡中，夏季屋内温度不致偏高，冬季屋内温度也不致过低。同时可以形成缓冲空间，利用其自然采暖，有利于冬季聚热和夏季气流通畅，从而改善室内热环境。

在墙体材料方面，大周村传统民居大多采用厚实的外包砖的土坯墙，内填泥土及碎砖，墙体厚度近30厘米。从毁损的老建筑的墙体断面中可以清楚地看到其构造方法（图3–26）。墙内表面分别涂粗泥层、细泥层、榆皮木末层、石灰–泥土–棉花层和石灰–棉花层，这样的墙体十分坚固，而且内表面非常耐久，还可以进行彩绘装饰。另外，也有一些

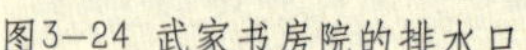

图3–24 武家书房院的排水口

图3–25 程家院入口处的暗沟排水道

图3–26 墙体的构造处理

图3–27 巴的编制

图3–28 巴的纹理

图3–29 院中的绿化

采用简单的做法，只有粗泥层、细泥层和石灰–棉花层。从现代科学的角度来看，墙体抹墙采用的石灰，其放射性元素少，对人体的危害较小，而且取材十分方便；冬季居室烧煤排放出的二氧化碳和二氧化硫被墙壁上的石灰部分吸收，还可以清洁室内空气。

民居屋顶椽上铺巴、麦秸泥粘附板瓦。巴为用植物皮、茎编制的席子，直接盖在屋顶的梁架、檩条、椽子上面，然后再铺泥、底瓦、盖瓦。巴又分为净巴和杂巴。净巴全部由黄花条编成，成本较高，杂巴则由柳条、荆条等杂条编成，成本较低。巴的制作方法流传了下来，现在村民改建老房子时依然使用手工编制的巴作为屋顶处理构造（图3–27、图3–28）。

民居多采用坡屋顶形式，檐口挑出较少。檐口的出挑使光线在冬季亦可以照射到窗内，提高室内的温度。屋顶又以硬山顶居多，硬山房屋的山墙通常延及檐柱以外，防止雨水内浸。

村内民居一般具有良好的庭院绿化（图3–29），以调节小气候。院落光照十分充裕，既方便生活又有利于绿化。同时民居中的穿堂风、四合院等空间布局的处理手法，使院落形成一个相对稳定的小气候区。

二、典型院落

1.武家大院

1）院落概述

武氏作为大周村内最大的家族，人丁兴旺，家业雄厚。其宅地大多位于古村西部，包括大街北侧的老宅院和大街南侧盐店圪洞内数个院落。其中老宅院部分总占地面积近4000平方米，大小八座院落，多为“四大八小”的四合院和三合院，布局紧凑，相互连通（图3–30、图3–31），共有房间122间。临街的数个门房院已被拆改，现存三座院落（图3–32），东西并列布置，均为坐北朝南的“簸箕院”，每院入口处设高大的屏门，木构坡屋面，外悬垂花门，垂柱间额枋雕团花、动物、花鸟，刀法娴熟。院内正房两层，硬山顶，一榀四扇式木格门窗，造型古朴文雅，雕刻精细。大门处曾有青石狮子和上下马石，现在则散落在院子的角落里。

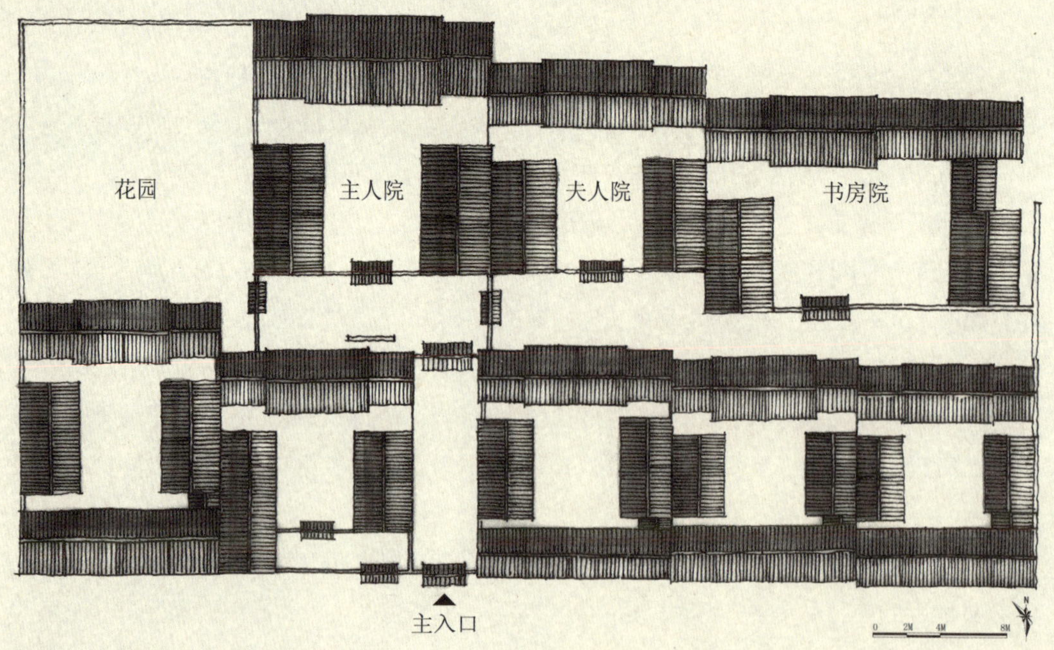

图3–30 武家老宅总平面推测图

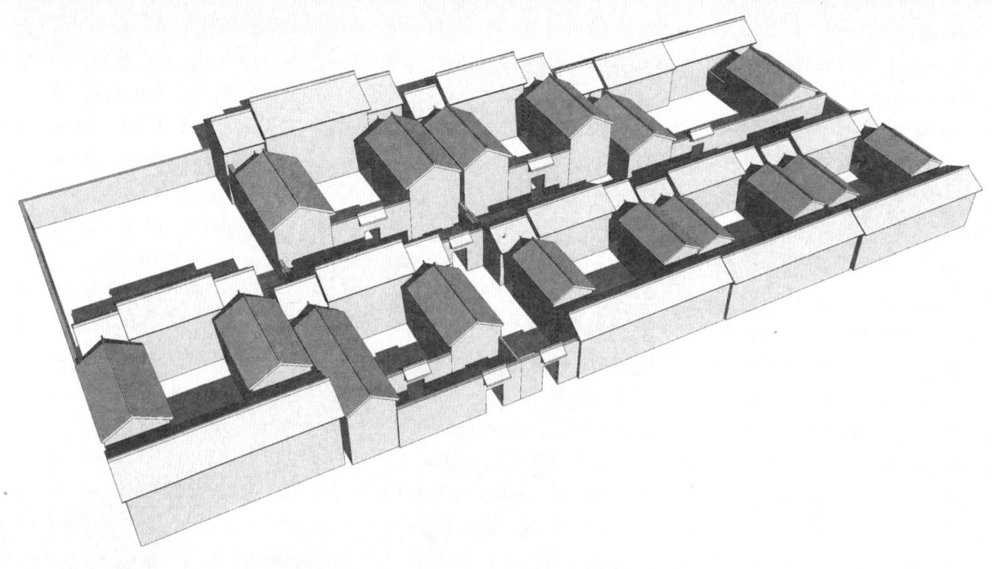

图3-31 武家老宅体块模型示意图

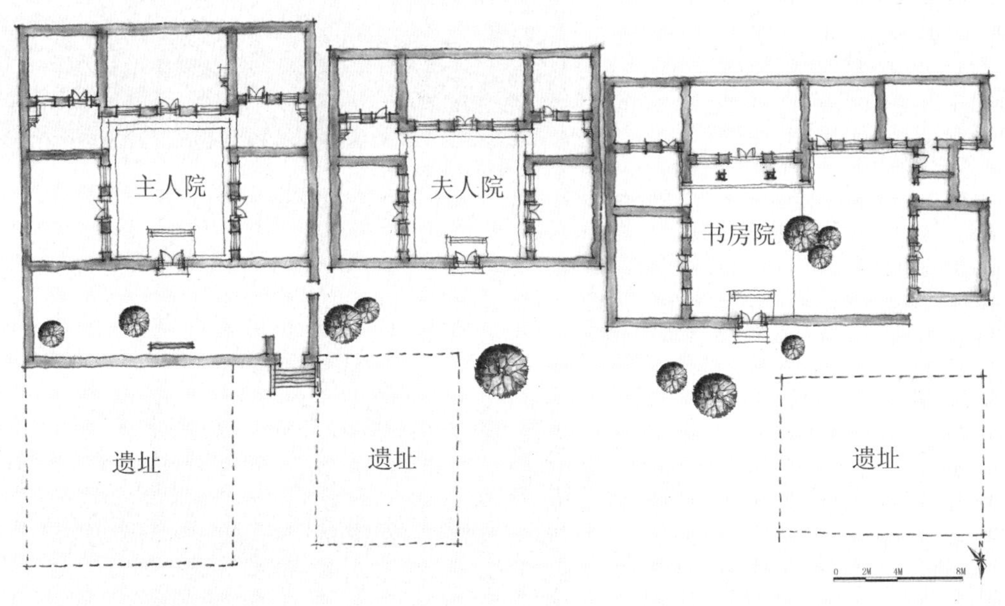

图3-32 武家老宅首层平面图

中国古代农业社会生产力水平相对较低，人口数量往往是衡量一个家族实力的重要指标。家庭成员无论已婚还是未婚都尽可能地生活在一起，相互依靠、相互扶持，形成较大的自治团体。通常情况下，只有实力上占有优势的家族，才能维持庞大的家庭体系。在明清时期，富庶之家可以由数代人组成，其规模可以超过上百人。武氏家族即是如此，其老宅不仅集中体现了家族的聚居生活，也反映了中国古建筑群体组合关系和空间形态特征，以及封建等级制度和重视教育的特点，是典型的北方院落组群。

建筑群布局表现出上长下幼，外男内女，皆有其等、有其序、有其别的观念。等级差别通过房屋相对于轴线的位置、尺度、院门的形制以及装饰的繁简程度等表现出来。武家老宅现存的这三个院落是这种等级制度的较好体现。

2）主人院

现存的三个完整院落中最西侧的是主人院，东西长20.6米，南北长23.7米，呈长方形，给人感觉宽敞、不压抑，同时也有很好的日照条件。院子东南角开门，大门没有过多的装饰，通过五级砂石台阶进入（图3—33），门内是一进6米宽的入户院子，围墙墙头如城垛。在该院东侧还有一个小门通向武家的其他院落。内院在中轴线上开通天大门，门前正对照壁，照壁宽3.1米，高4.3米，整体朴素庄重（图3—34）。入户流线在这个院子发生了转折，避免了直来直去的尴尬，也增加了内院的私密性（图3—35）。二门挑檐下木雕精美绝伦，脊上砖雕十分细腻，整体气派非常（图3—36）。门内屏门高大，木雕精致，两侧用整根石柱，颇有气

图3—33 主人院入口

图3—34 主人院的照壁

图3—35 主人院内院大门前空间

图3—36 主人院内院大门

图3—37 主人院内院

图3—38 主人院连廊及楼梯

势。院内正房和东、西厢房均为两层、三开间，抬梁式木构架，其中正房尺寸较大，面宽9.6米，进深6.3米，两厢房面宽8.3米，进深6.1米（图3—37）。正房与两厢不论从形制还是装饰上差别不大，房屋均向内院开门窗。在正房东西两侧是两个比正房退后的稍小的二层耳房，尺度较小、采光较差，用于仓储，角落处设置了连廊连接正房与厢房的二层，另设楼梯作为垂直交通（图3—38）。

由于这里是武家主人的居所，在平面上体现出最高的规格：院落长宽均大于其他院落，院外还有一进小院作为缓冲，不论正房还是厢房虽然都是三开间，但是其进深、面宽尺寸皆大于其他院落。

3）夫人院

图3—39 夫人院大门

夫人院位于主人院的东侧，南北长15.2米，东西长18.7米。院落等级稍低于主人院。从外部看两院大门的装饰及高度几乎完全一样（图3—39），院落布局、建筑层数和建筑立面也基本相同，只是夫人院在平面的尺度上都略小，且门前没有缓冲的院子和照壁。正房面宽9.4米，进深5.6米，两厢面宽7.7米，进深5.3米，均比主人院小一些（图3—40）。正房两侧用于连接二层的砖砌楼梯较为陡峭，梯面高27～28厘米，宽18～20厘米，坡度近60°（图3—41）。楼梯下方设储藏空间，体现了古人对空间的合理利用。上方连廊有木栏杆为屏，略有雕花装饰。夫人院原为武家女眷居住的地方，按理外人是不得随意进入的，给人整体的感觉略显“小气”。在封建社会礼制的束缚下，妇女们站在院中只能看到头上一方天空。现在的夫人院长期无人居住，院内杂草丛生。在墙上还隐约能看到文化大革命时期的种种口号，这些口号作为特殊时期的记忆也一起保存了下来（图3—42）。

图3—40 夫人院院内

图3—41 夫人院正房与厢房间的楼梯

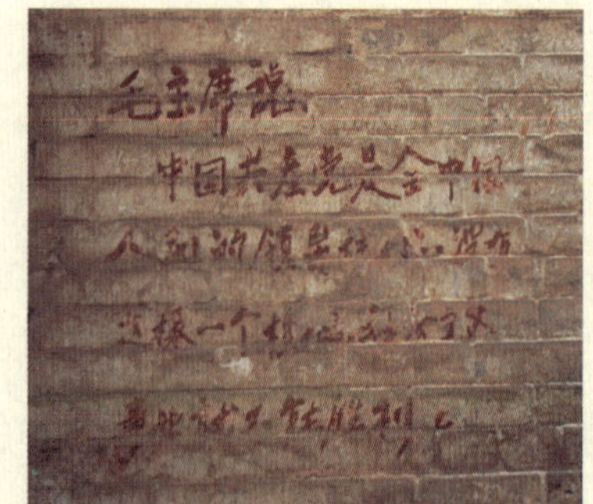

图3—42 夫人院墙上文革时期的口号

图3-43 书房院正房

4）书房院

与两套正院并排的是书房院，其院门相比前两者较为简陋，建筑高度也远不及主人院和夫人院，但是院内空间宽阔，东西宽26.7米，大空间也体现了该院教书育人的独特用途。北侧是用于授课的厅房，面宽8.9米，进深7.3米，外檐廊式的一层大厅，青石砂岩柱，古旧的木雕花格栅门窗，门窗洞尺寸较大，屋内开敞明亮，适宜授课学习（图3-43）。旁边是老师及学生的住所，均为二层，但是总高度却与一层的厅房相同。院中央还有一颗古树以及主人栽植的花木，整个院落古时应有很好的绿化，圣贤之书与春华秋实相映成趣，体现了一种人与自然相互融合的平和景象。古时的官本位社会形态使得大家族很重视教育，家族内一般都有自己的学堂用来教育子孙，“学而优则仕”是家族长久兴盛的重要保证。在晋东南地区人们追求务农与读书相结合的生活方式，认为耕可致富，读可养性，从而形成了独特的耕读文化，在很多院落布局中均可得到反映。

图3-44 严重毁损的下人院

5）其他院落

武家大院内还有一处下人院（图3-44），前后两进，外院均为一层，内院均为两层，整体尺度很小，建筑高度较低，内院东西厢房间距只有不到4米。大门与屋脊处也没有装饰，感觉非常质朴。以现存影壁的位置判断，该院的大门也是开在东南角，临近西大街。该院现已严重毁损，目前无人居住。

2.武家灵堂院

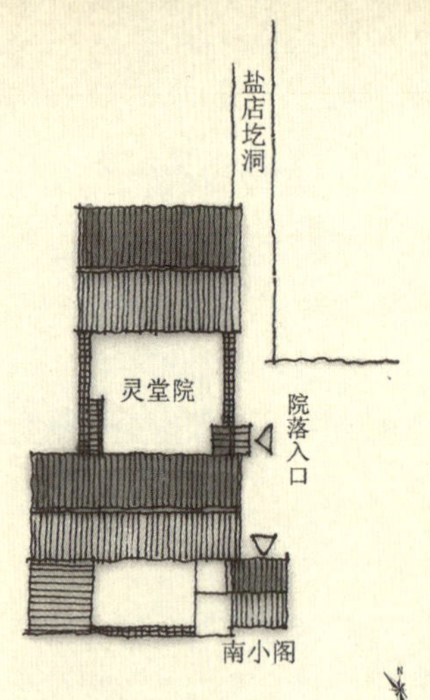

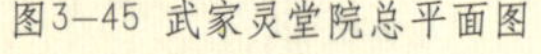

图3-45 武家灵堂院总平面图

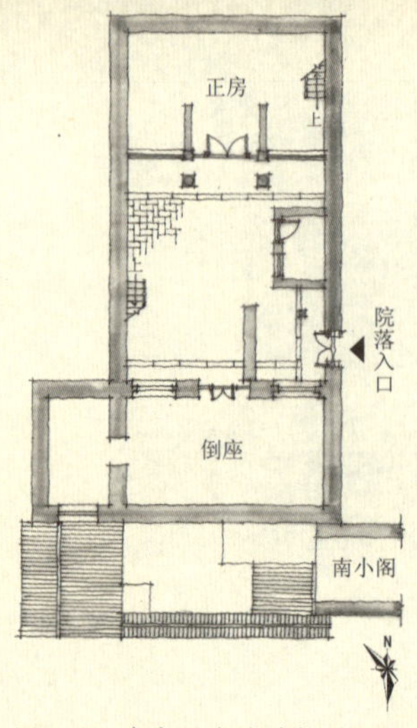

图3-46 武家灵堂院首层平面图

武家灵堂院位于村南盐店圪洞的尽头西侧，是一处只有北屋和南屋的两进院落（图3-45、图3-46）。灵堂院规模较小，占地东西长8.2米，南北17.7米。院落布局结构简单，保存较为完整，显得十分精致。

这样的院子在大周村内仅此一处，这也体现了该院用途的特殊性。由于武家是村内大家族，家中有人去世，遗体并不是安置在村东南公用的落灵庵中，而是先把遗体停放在这个武家专用的灵堂院，然后再按照传统习俗下葬。

图3-47 武家灵堂院入口影壁

图3-48 武家灵堂院明代石碑

灵堂院入口在东侧，内有一砖砌影壁，影壁中斜45°的青砖与灰白石膏砖缝给人一种素雅简洁的装饰效果（图3-47）。按古代风水学家讲，院内的影壁，是为了使气流绕影壁而行，聚气则不散。《龙经》记载，“直来直去损人丁”，影壁可起挡住冲煞杀气的作用。院内西侧墙壁上镶嵌着一块明代石碑，碑文现难以辨认（图3-48）。

图3-49 武家灵堂院正房

灵堂院正房面宽8.2米，进深5米，二层悬山屋顶，两层均采用大面积木格栅门窗。正房二层采用木质外廊，与做工精美的木栏杆、雕花的雀替、细腻的木格栅搭配十分协调。从一层直接伸到二层的由单根木料制成的两根圆木柱子，加强了正房在竖直方向的视觉冲击，给人一种强烈的肃穆之感（图3-49）。正房大门两侧由两根一层高砂石柱子支撑，木

图3-50 武家灵堂院正房细部构造

格栅门窗直接与石柱相接，交接处做工十分精确，犹如二者本为一物（图3-50）。灵堂作为逝者灵魂的安顿之处，是一个家族中神圣的地方，所以建筑等级自然也比普通居住建筑要高些。

图3-51 武家灵堂院正房屋檐下的牡丹花木雕

图3-52 武家灵堂院正房二层雕栏

正房屋檐下有一例牡丹木雕，牡丹花尽情绽放，象征着荣华富贵（图3-51）。此外，檐下的雀替施以透雕的卷草、回纹和如意纹，耍头雕成威严的龙头，探身而出，张目嗔视，为狭小的廊下空间增添些许趣味与热闹（图3-52）。

正房二层可以通向外廊，还能隐约看到房梁上的彩绘和斗栱端部清晰的雕花。屋面近年进行过修整，新换的浅色檩条、椽子与古旧的梁架形成了鲜明的对比（图3-53）。

灵堂院中最有趣味的地方是正房外的“灰空间”（图3-54）。

图3-53 武家灵堂院正房二层结构

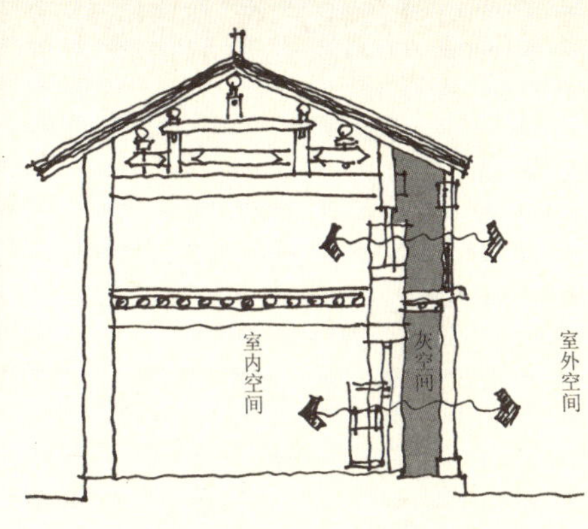

图3-54 武家灵堂院灰空间示意图

“灰空间”是指半室内、半室外、半封闭、半开敞的中介空间。这种空间在一定程度上抹去了建筑内外部的界限，使两者成为一个有机的整体。灵堂院正房的外廊及其廊下空间正是“灰空间”的一种形式。“灰空间”的存在，使人们在心理上产生一个转换的过渡，有一种趋向内外空间交融的意向，丰富了人们的日常生活体验。

南屋二层为砖砌，其形制与普通居住建筑相仿，立面没有任何装饰，与正房形成强烈的反差。南屋通过沿着墙壁的较为陡峭的台阶可以上到二层（图3-55），一层也有门洞可以正常出入，南屋与其南侧的小院形成灵堂院的辅助功能空间。

灵堂院外盐店圪洞的尽头是一处过街楼——南小阁（图3-56），阁外道路沿着村南沟壑山坡曲折延伸。阁楼洞口也是灵堂院南院的入口。洞口两侧放置有可以席坐的条石，门洞外是无尽的自然风光，在这样的阁楼门洞下纳凉、聊天、观景，甚是惬意。

图3-55 武家灵堂院南屋二层的台阶

图3-56 南小阁

3.武家祠堂院

在封建社会中，宗庙是分等级的，皇帝祭祖的宗庙称为太庙，一般官吏祭祖的地方称为家庙，而普通百姓则是不允许建家庙的，只能在自己家里供上祖宗的牌位进行家祭。明代以后，朝廷才允许百姓建家庙，清代以后把这种家庙称为祠堂。血缘是人类社会中最早、最自然的纽带，而且不管是在哪种社会和文化里，都占据极重要的地位。敬祭祖先的祠堂起着联系宗族、增强族人团结的作用，地位十分重要。

武家祠堂院位于古村南部，盐店圪洞中段（图3—57）。院落东西方向长17米，南北方向长21.5米，是典型的"四大八小"院落（图3—58），不过与单一四合院不同的是祠堂院在院外还有一个入口空间。界定入口空间的是一个宽1.4米的拱形门洞，旁边是辅助性的小院（如门房等），这个小门洞界定了公共与私密。门洞没有门扇，两侧景物相互渗透，空间是流通的，分区是明确的，这也成为祠堂院入口处的标志（图3—59）。

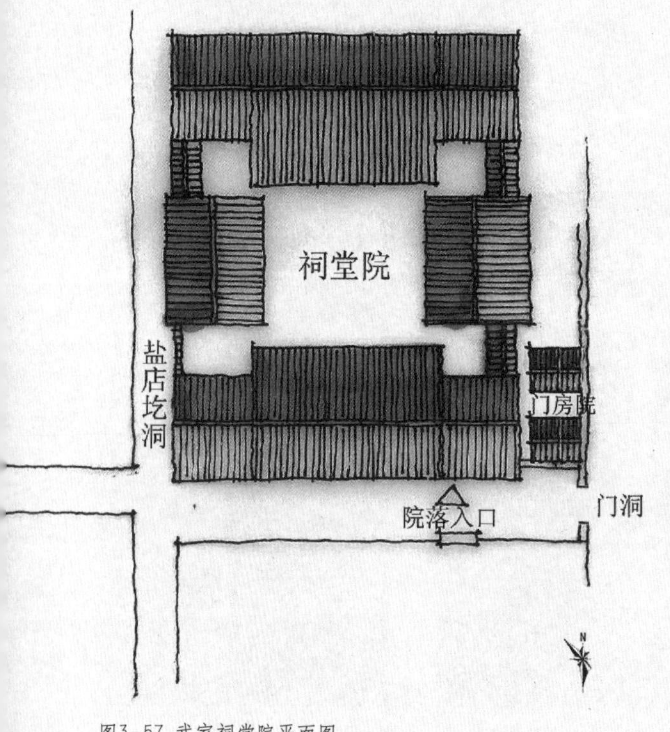

图3—57 武家祠堂院平面图

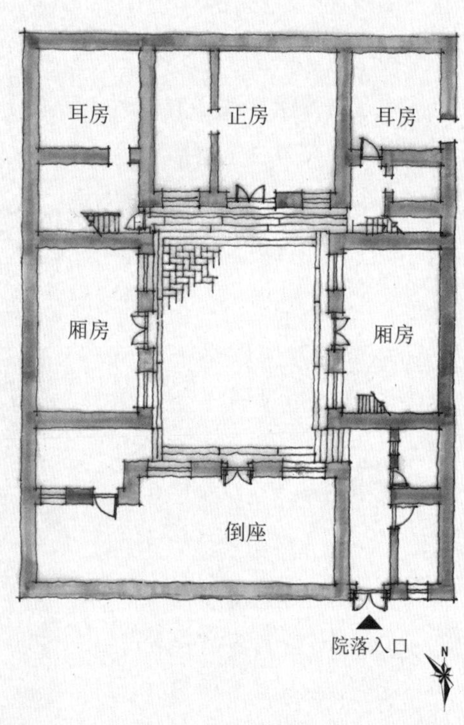

图3—58 武家祠堂院首层平面图

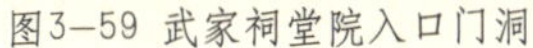
图3—59 武家祠堂院入口门洞

图3—60 武家祠堂院大门

图3—61 武家祠堂院入口照壁

祠堂院大门位于院落东南角，“镶嵌”在墙内，宽约1.2米，木质的门框和抱鼓石给这面墙增添了精美的细节（图3—60）。两侧完整的上下马石似乎在向人们讲述着这个院子的故事。大门正对照壁，照壁宽2.76米，高3.9米，壁心平面简洁，脊部则有精美的砖雕（图3—61）。倒座和照壁墙面间距3.5米，二层高的倒座上没有向外开窗，整个入口空间显得狭长、静谧。斑驳的树影随着匆匆流走的时光洒在残壁上，古老的岁月留下曾经的足迹，物是人非的场景令人思绪万千（图3—62）。

院内地面是以长25厘米、宽125厘米的地砖错缝铺砌。地砖由于时间久远多处已经出现破损，在背阴处的潮湿地面或墙角上有大片的苔藓生长，自然翠绿的色彩活跃了老宅院中古朴的色调。

院内沿建筑一圈用条石围砌，建筑地坪均高于院落地坪约15厘米，以利防潮。四周建筑均为两层，面阔三间，抬梁式木构架，硬山式屋顶，屋面平坦，檐口硬直。建筑风格简洁，门窗处无装饰，仅正房二层采用一榀四扇木格窗（图3—63）。

院内正房两侧有两个小门，每个门楣上都坐有两个装饰性质的木斗栱，屋脊也有精美的砖雕，显得非常精致，给人以亲近之感。宋代以后官方规定民居建筑中不得使用斗栱，而这里却使用了斗栱进行装饰。究其原因可能有两点：一是这个院落原是武家宗庙祠堂，从院落俗称也可以看出原先并不是纯居住建筑，所以可以使用斗栱；二是在明清时期，山高皇帝远的地区，有钱的大户人家使用越级的装饰也十分普遍，皇权很难在这里发挥影响力。

图3-62 武家祠堂院入口空间及大门

入口处的门房院拱门较为狭小，只容一人通过，门内通道也较为狭窄（图3-64）。院内只有南北两座房屋，与大院建筑不同的是这两座建筑十分狭窄，原为两层，现已严重毁损。庭院尺寸同样较小，只满足交通等基本需要，通过这进门房院就能体会到封建社会中大家族下人的居住环境。

图3-63 武家祠堂院院内

图3-64 门房院院内通道

4.酒坊院

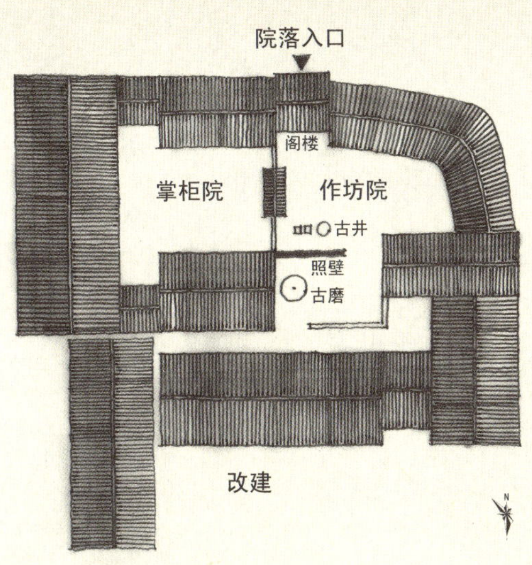

图3-65 酒坊院平面图

在古村中部、汤王庙南还有一处与众不同的院落，叫做酒坊院（图3-65），是一处典型的商业与居住结合的院落。院落主人从事酒品的酿制与售卖。

酒坊院地处古村商业区，附近的大庙、大寺、南城门都是人流量较大的区域，时至今日附近依然聚集了多种商业活动，地理位置优越。酒坊院的大门上建有阁楼，在沿街立面上形成很好的过渡（图3-66）。如今门扇已不复存在，两侧只剩下孤单的门枕石。

现存的院落分为两个部分，西侧是一个典型的三合院，是掌柜居住的院落，东侧则是顺着街道转角布置的作坊。作坊围合的院落空间较小，掌柜院尺度适中，东侧开门与作坊院相通，正北是通向街道的大门。整个院落除作坊有一间一层建筑外，其余全部为两层。

院门内正对的是一面简洁的影壁，以影壁为界，东侧为作坊，西侧为掌柜院。影壁前是一口古井，现在还有架辘轳用的石座，现已无法使用（图3-67）。影壁后是一口古磨，并且有小门通向后院。原先后院也是酒坊院的一部分，但是现在已经易主改建了。作坊本

图3-66 酒坊院入口

图3-67 作坊院

是酿酒的地方，地下埋有很多大的酿酒用的陶缸。据老人回忆改建时这些酒缸被全部挖了出来，将作坊改为居住或储藏空间，现在看来真是一件十分可惜的事情，这些具有鲜明特点的事物也只能留存在老人们的记忆中了。遥想当年坊内忙碌的情景：人们熙熙攘攘，打水、烧火、碾磨，屋内蒸汽翻腾，酒味飘香，令人神往。

图3–68 掌柜院院内

西侧的掌柜院是一个东向的典型三合院，院子的中轴线是东西方向的，与传统院子南北轴线上北尊南卑的状况不同，北、南、西三个建筑的高度、外观都没有什么差别。酒坊院的韦氏后人住在西屋（图3–68），二层房梁上清晰地写着“建于大清乾隆三十年”（图3–69）。

图3–69 酒坊院西屋二层房梁

掌柜院的大门从外侧看十分简洁，素墙面上开一个门洞，墙脊也看不出任何装饰。但是从内侧看大门上方有一个挑檐，墙脊上也有精美的砖雕。由于年久失修，挑檐和砖雕都有不同程度损毁（图3–70）。中国古代商人社会地位较低，即使很富有，对外也不愿暴露自己的财富，宅院的装饰多设在不易被外人看到的内部。

图3–70 掌柜院大门内侧

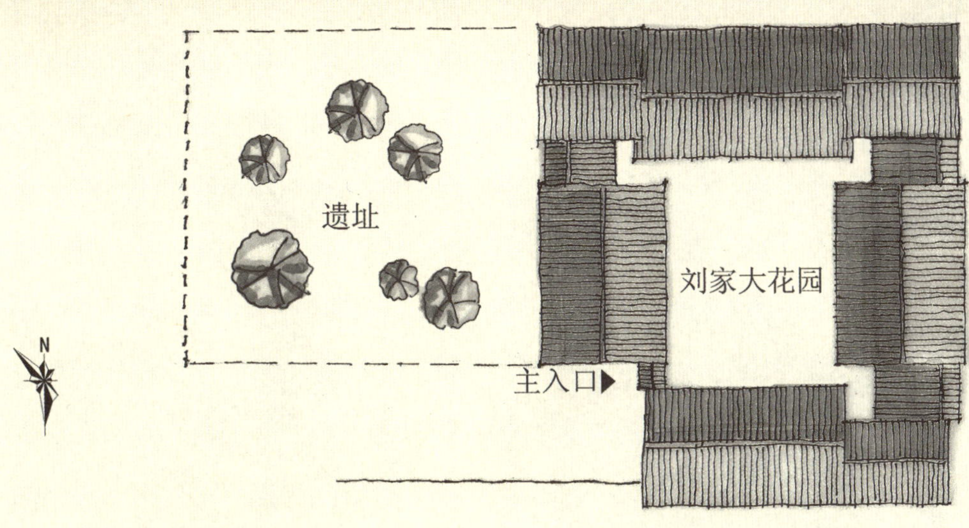

图3-71 刘家大花园总平面图

5.刘家大花园

刘家大花园位于大周村东部油坊巷以东，因其院旁有一芬芳瑰丽的花园而得名，原有东西两进院落，占地面积近1100平方米，有房屋40余间(图3-71)。

年长的村民描述，刘家大花园中的花园面积虽不大，但是花色十分齐全，除常见的牡丹、腊梅、芍药等，甚至保留着许多稀有品种，比如有红色花魁之称的“掌花案”，花开似火，艳丽骄人。可惜刘家花园在清末时遭到严重损毁，昔日的花色满园已经不见了踪影，只留下“刘家大花园”的名字流传开来。

现刘家大花园仅存西院，是刘家女眷的居所，入口远离街巷，多了一层曲径通幽、闹中取静的意味。入口位于西南角，独缺西南角的两小厦，故院落形制为“四大六小”。据现居住者讲述，刘家大花园的东院在明清时期经历过几次整修，东厢房于明末倒塌后又重建，南房则是于清初才建成。院落东南角内尚存一口古井(图3-72)，现已不用，只剩下倾斜的辘轳孤独地守望着院落。

图3-72 刘家大花园院内古井

图3-73 刘家大花园院内建筑

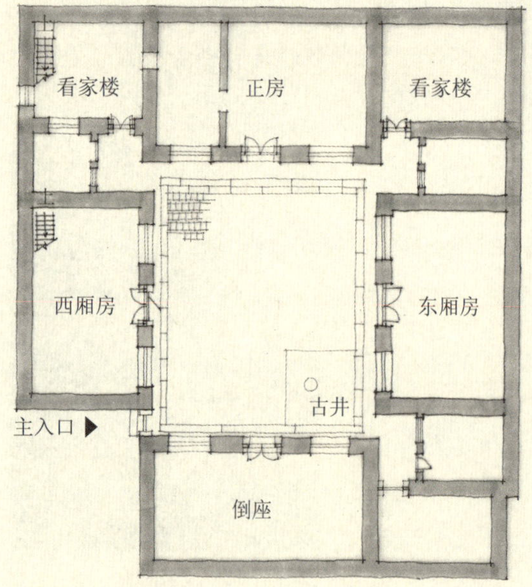

图3-74 刘家大花园东院首层平面图

图3-75 刘家大花园院内看家楼

图3-76 看家楼内的楼梯

东院由正房、东西两厢和南房围合而成。正房面阔9米，高12米，较东西两厢高出1.5米左右，两侧高耸的看家楼显得挺拔修长(图3-73、图3-74)。

正房两侧为三层的看家楼(图3-75)，窗洞形式有方形与拱形两种，窗扇上均雕刻十字或菱花纹样。看家楼的二层与正房的二层相连通，并在一层有出入口与花园相连。看家楼的顶层是阁楼，由爬梯可上下(图3-76)，旧时为刘家尚未出阁的小姐之居所。站在西侧阁楼上，视线一览无余(图3-77)，可远眺关帝塔的古拙，俯瞰花园的秀颀，不知久居深闺的女眷在这阁楼之上留下多少伤春悲秋的感怀。

图3-77 站在看家楼三层俯瞰院落

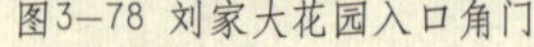
图3-78 刘家大花园入口角门

图3-79 刘家大花园院内太湖石

院落中的入口角门（图3-78）极具特点，宽0.7米，高仅1.7米，需低头侧身方能进出。据传原因有二，一是由于封建礼教在建筑形制上的影响。旧时的女子，大门不出，二门不迈，角门为障，将女眷禁锢在狭小的宅院内，体现女子的秀外慧中、贤良淑德，用以标榜家族美德的贤名。另一个原因是为了防止下人挟物私逃。角门如此之窄仅容一个人侧身进出，更不用说携带笨重的财物。

院落中心有一太湖石（图3-79），在风雨的日侵夜蚀下已残缺不全。赏石、藏石是旧时帝王将相、文人雅士等有闲阶级的嗜好，可见刘家大花园的主人更具超脱世外的闲情逸致。

6.焦家大院

焦家大院由四进院落构成，总占地面积约2000平方米，房屋70余间。遗憾的是除了主人院与后院外，其余两进院落均已损毁。由遗址可知，四进院落并列而建（图3-80、图

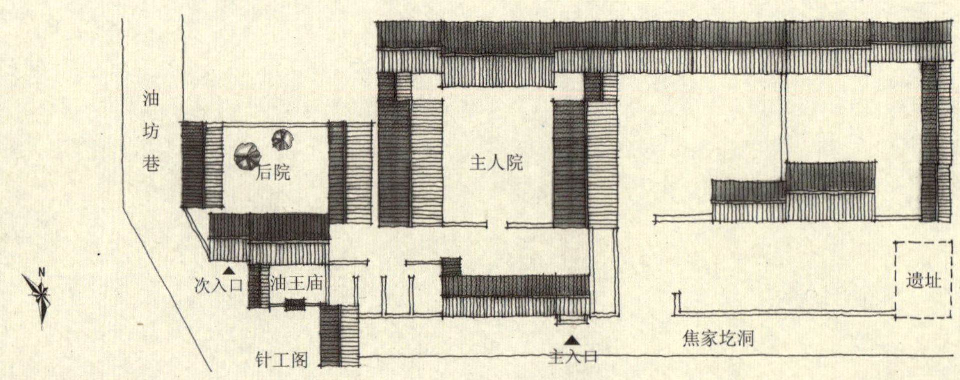

图3-80 焦家大院总平面图

3-81)，自西向东一字排布，各进院都有一个独立且狭长的出入口。主人院东北角有四层高的看家楼。看家楼不仅是焦家财富地位的象征，更成为大周村东部的最高点(图3-82、图3-83)。

历史上的焦家是一个非常庞大的家族，居住于村落东部。所在圪洞以其姓氏命名为“焦家圪洞”。位于圪洞口的针工阁(图3-84)是焦家大院的标志，也是身份的象征。相传焦家一杨姓女子在丧夫后，为表明自己的忠贞不贰，毅然搬至圪洞口的过街楼上，以针织刺绣聊度残生。焦家后人为了颂扬杨氏的德操，将此过街楼命名“针工阁”，并书“杨氏三派”于其上。如今针工阁内供奉的针工娘娘便是杨氏其人，象征着妇女的贤良淑德、德言容工，是流传在村中的一段佳话。

穿过针工阁后的街巷，即焦家圪洞。映入眼帘的是高大的焦家门楼(图3-85)和焦家建筑群。门楼入口处被磨得发亮的抱鼓石以及上面细致精美的线雕证明其历史的悠久。

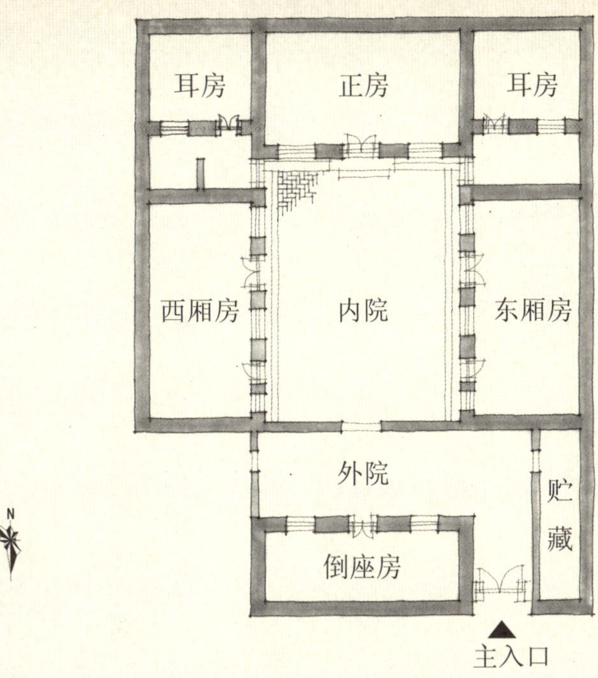

图3-81 焦家大院主人院首层平面图

图3-82 焦家大院看家楼图

3-83 在焦家看家楼附近玩耍的孩子

图3-84 针工阁

图3-85 焦家大院门楼

图3-86 焦家大院主人院正房

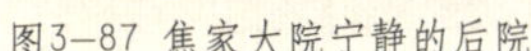

图3-87 焦家大院宁静的后院

图3-88 后院入口前的影壁

焦家大院的主人院保存尚好。院落有内外之分，外院的倒座是主人待客的场所，也作门房之用。东侧由一道拱门进入一露天的空间，为贮藏之用。内院又分前院与后院，但装修构造等根据院落地位的不同有着明显的差别。前院是由主人起居的正房和东西两座厢房围合而成（图3-86）。房屋面阔都在7～8米，进深为3～5米，而且正房、厢房与倒座带左右耳房，均为两层的明清建筑。正房的东西两侧有二层的角楼，角楼不及正房高，有一架空连廊将正房的二层与东西厢房的二层联系起来。后院（图3-87）毗邻油坊巷，位于油王庙以北，出于对神明的敬畏，人不能直视其项背，后院只建造了东西两侧的厢房，厢房与院墙围合成开间7米、纵深5米的小院，西北处另有一独立的出入口直通油坊巷。相比前院的开敞，后院则显得十分隐秘，需穿过一段狭窄的过道才能发现其入口以及影壁（图3-88）。院内树木葱茂，飞鸟啼鸣，恍若另一片天地，宁静得出奇。

焦家大院通过台阶的级数来区别身份的尊卑有别和等级的高低贵贱，这一点十分有趣。比如宅门入口处的台阶为五级，象征“步步高升”，正房门前的台阶为三级，下人和厢房居室门前只有一级台阶，这样一来，更加凸显了正房的地位，礼法与建筑就这样结合起来。

主人院内有拦腰矮墙（图3-89）。这种拦腰矮墙的做法在大周村民居建筑中比较少见，目的是为了不让“地气”逸出。“地气”在中医中是一种性属阴的潮湿之气，在某种程度上可以作为“天地之精华”来解释，会影响人的身体健康。所以拦腰矮墙的做法目的在于吸收“天地精华”，希望拥有利于健康的自然环境，以求家宅平安。

图3-89 焦家大院拦腰矮墙

图3-90 散落在焦家大院内的墓碑

焦家大院的装饰风格古朴大方，以石雕最为出色，抱鼓石和门槛石上雕琢有精美的图案，所采用的线雕手法极其细腻。宅门位于院落的东南方位，有装饰古朴的龟背纹照壁，照壁上有一斗三升的石斗栱四组，角门额枋之上坐有石斗栱。院中还发现一块石碑（图3-90），上书篆文，石质细腻，年代久远，据考证为散落在民间的墓碑，但并非焦家所有。

7.段家大院

段家大院位于背圪洞，由外院、书房院和内院三进院落组成（图3-91）。外院与书房院并列在南，内院在北侧。院落整体形制完整，结构清晰，是村中现存较为完好的民居院落。据段家的后人讲述，段家历史上行商发家，后辈中也有通晓木艺瓦工的匠人。

段家院的主入口面向背圪洞，门楼规制普通。经过狭长的入口空间，到达开敞的外院，使人豁然开朗（图3-92）。外院是仆人的居所和厨房，连接着东侧的书房院和北侧的内院（图3-93、图3-94），各有屏门可进出，有“入一门、通三院”之称。书房院是二合院形制，有南北两间一层的房屋，面阔都在6米左右。内院为三合院，正房和东西厢房均为两层，正房东西侧各有二层的耳房一座，均与正房连通。

中国封建社会由于受到儒家思想的影响颇深，以农为本、耕读传家成为人们的共识，家族院落群常辟出一两个别院作为后辈读书的场所。比如段家大院中书房院入口的地砖上

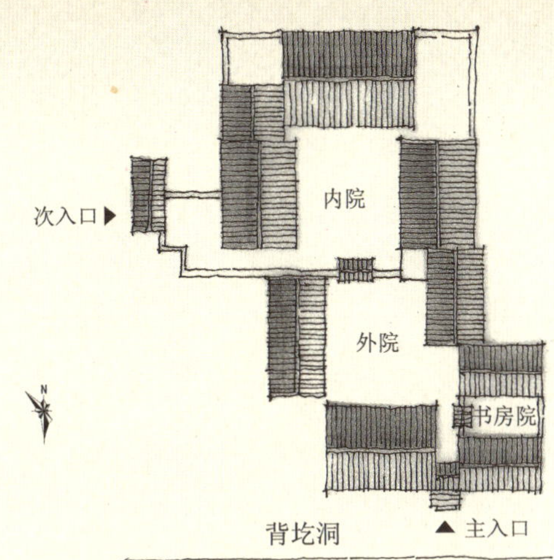

图3–91 段家大院总平面图

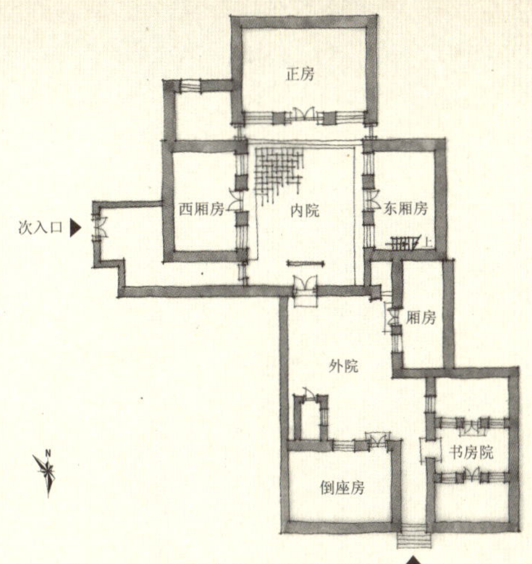

图3–92 段家大院首层平面图

刻有“耕读”二字（图3–95）。在传统社会中，衣食致富靠力田行商；扬名成才，光宗耀祖，必须习字读书。“耕”为生存之本，“读”是迁升之路，“耕读”象征着传统社会的生存形态，意味着普通百姓可以通过这两种途径改变自己的命运。进入书房院的拱门高度不足1.6米，进出的人一低头便能看到这块地砖上的字。“一等人忠臣孝子，两件事读书耕田”，可见段家的祖先对后代的良苦用心。段家大院是当时社会结构的缩影，展示晋东南人独特的耕读文化。

图3–93 段家大院入口及书房院拱门

图3–94 段家大院连接内院的屏门

图3–95 书房院刻有“耕读”二字的地砖

8.程家大院

程家大院是程氏家族居住的主要宅院，位于圪当巷与后街交汇处（图3–96）。程家大院原共有三进院落，从北至南依次分布，总占地面积为900平方米，有房屋60余间。

程家大院现仅存主人院与马房院两进（图3–97），北侧的院落已无从查证其形制。北方民居中，宅院主人一般会选在院落的正北方向建造正房，但是程家大院位于后街南侧，地势南高北低，这就使得在处理方式上既不要破坏传统的形制，又要在使用上尽可能的方

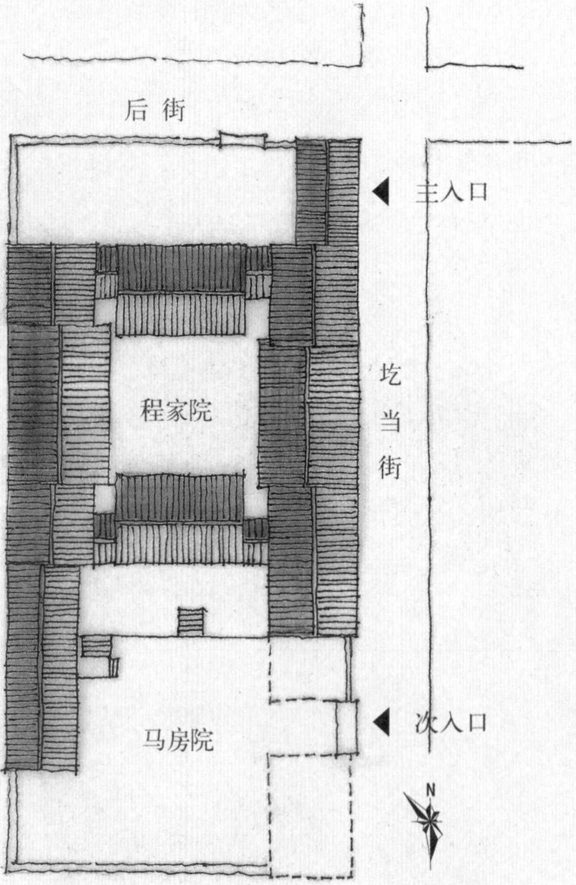

图3–96 程家大院总平面图

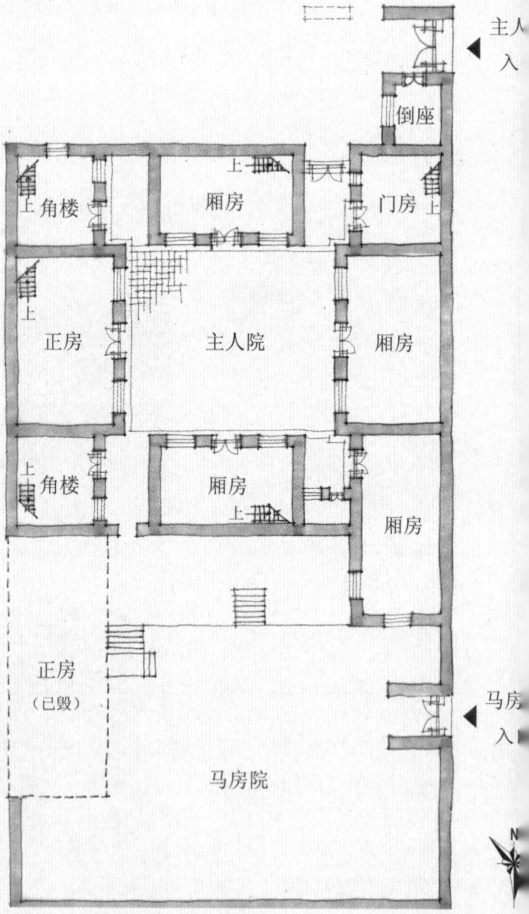

图3–97 程家大院首层平面图

便。建造者将三进院落的地坪定在不同的高度上，将南面地势最低的一侧作为马房院，有直接对外的出入口。其余两进院落共用一个入口，入口位置选择在两院中间，形成一个较大尺度的外院，再由这个外院分别连接除马房院外的南北两进院子（图3-98、图3-99）。这样一来，正房一律在西侧建造，背西面东，整体形成了南北向的串院。其不拘一格的院落形式展现出乡民的智慧，令人啧啧称奇。

图3-98 程家大院主人院入口

图3-99 程家大院主人院

程家各进院落的入口形式各异，大致可以分为三种（图3—100）。一种是利用倒座房的明间做入口，比如马房院的入口是由院墙形成的凹空间；另一种是在倒座房的山墙处设随墙门入口，比如主人院与外院之间的连接；还有一种是在厢房与角楼之间的墙体上设置出入口，从主人院到马房院即由厢房与角楼之间的一道拱门通过。

a马房院入口

图3—100 程家大院各进院落的连接形式

b连接主人院与外院的入口

c连接马房院与主人院拱门

【第四章】

大周古村的公共建筑

GONGGONG JIANZHU

一、概述

大周村古代公共建筑数量众多，分布较广，且历史悠久。

传说，后周末年，宋太祖赵匡胤前往高平关大战高老鹞，途经大周，这也是他去往高平关最后一站。大周村人受仙人梦中指点，说赵匡胤是未来的真龙天子，有九朝八帝之位，因此村民们用黄土铺街，清水洒地，一早就在村外等候。在他路过的地方北边有个大坡，名"水圈坡"，人们将其修平整宽，后改称"迎圣坡"。村北一公里有条沟，是上高平关的必经之路，大周村人专门修了一座石桥，起名"迎圣桥"。赵匡胤非常感动，并记在心中，称帝后便下旨在大周广修庙院[1]。此条传说可信度不大，但却从侧面反映出大周村宋、元、金时期的繁盛。大周村现存公共建筑中有很大部分兴建于此时期，这与山西地区在宋元金时期相对安定是分不开的。

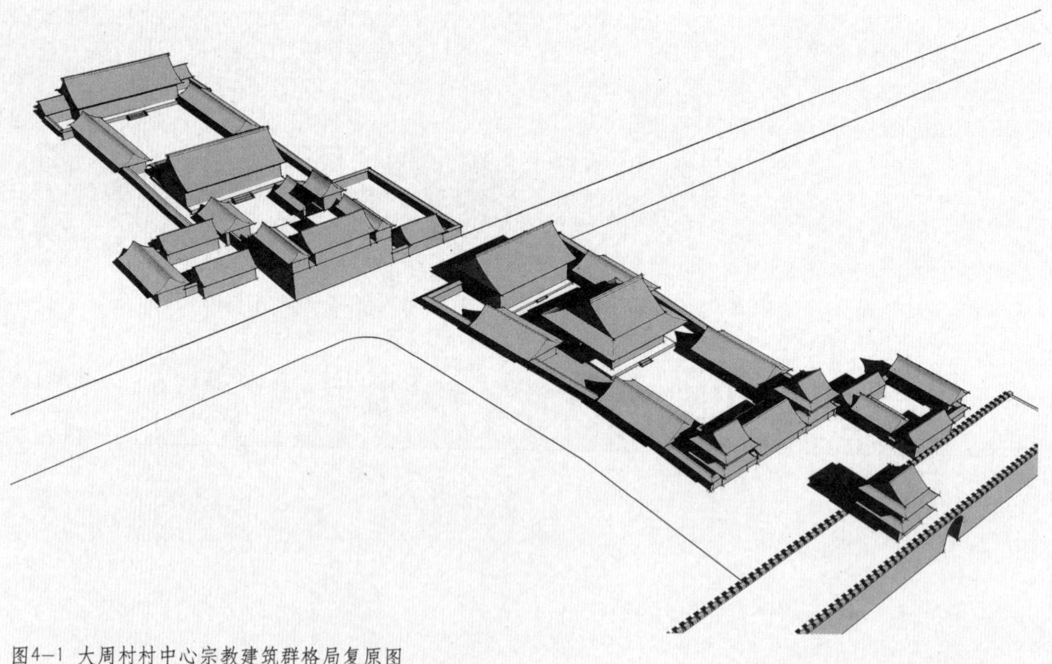

图4–1 大周村村中心宗教建筑群格局复原图

1 赵匡胤上高平关取人头的故事为许多戏曲中的题材，至于是否途经大周村，尚无确切考证，以上皆为村民口述。

村中心处有宣圣庙和资圣寺（图4—1），规模宏伟，是全村的中心，古时各种里社活动多在此举行。其周围环绕有观音阁、老鳖驼碑、一步两孔桥，五虎庙、露天舞台、石牌楼等。

村中还散布着诸如举三庙、火神庙、五道将军庙、土地庙、财神庙、三皇五帝庙、南佛堂、北佛堂、奶奶堂、小关帝庙、油王庙、落灵庵、祖师殿等多座小型寺庙和针工阁等众多阁楼以及西城门、西南城门、百子桥及关帝塔等公共建筑。此外，村中还曾有天齐庙、全神庙、山神庙、城隍庙、东岳庙、西庵、大王庙等众多庙宇，惜均已毁。

纵览这些古迹，我们可以清晰地看到大周村千百年来的兴衰更替。在大周村，佛教文化、道教文化、儒教文化、商贸文化交织融汇，使得村内寺庙楼阁观堂密集，府邸宏伟丰富，绽放出绚丽的光彩。

二、宗教建筑实例

1.资圣寺

资圣寺位于大周村南部，东大街路南，坐北朝南，因宗教谛义，以资感谢圣灵的恩赐，故名资圣寺。其始建年代无考，从寺内元代石碑《资圣寺创兴田土记》及明万历年间的石碑《资圣寺新建水陆阁记》等可知其历史源远流长，随着世事变迁，曾几度兴衰。据寺内清代道光年间的石碑《重修资圣寺碑》（图4—2）记载，资圣寺在清朝繁盛时，“四围群房，一进数院，内建有雷音、毗卢、伽蓝、天王、罗汉、十王、六瘟诸殿，及水陆阁、东西禅房，左右钟鼓，靡不毕备；山门外对面有观音阁。在昔盛时，庙貌威严，金碧炫耀，不诚《西游》一部足壮观瞻哉！斯其规模如此，至若焚修香火田有九十余亩”，可见清朝末年资圣寺的大体布局（图4—3）。

这种布局一直保留到20世纪60年代。据村中老人回忆，资圣寺主轴线上有两进院落，东侧次轴线上还有多进小院落。资圣寺山门前正对着观音阁，即大周村正南门城楼，在观音阁及山门两边都建有戏台，上覆以屋盖，中间留有马路，平时过人，节庆日时，用木板将两边的台子连成一个大戏台，用于戏曲表演。山门左右分列有钟楼、鼓楼，东侧还有一

图4–2 大周村资圣寺碑亭

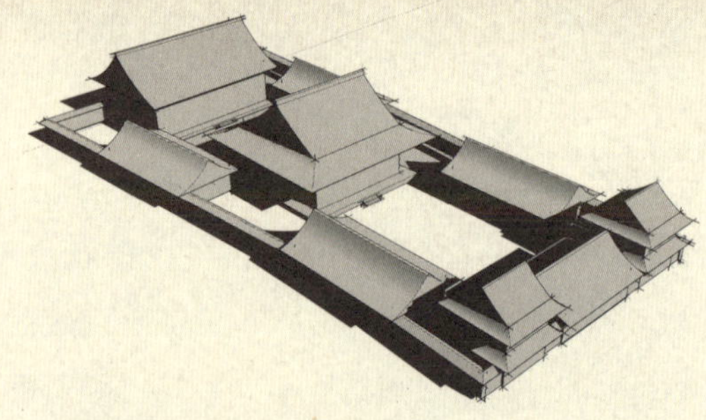

图4–3 大周村资圣寺复原示意图

图4–4 资圣寺山门

进院落，即五虎庙。山门往里，为第一进院落，内有南殿，左右分列水陆阁和阎王殿。阎王殿向东为一偏院，内建有露天戏台。南殿后为第二进院，正面为五佛殿，左右分置东西禅房，往东的另一进院为寺内花园，内建有观音堂。资圣寺现存山门、毗卢殿、五佛殿及山门外观音阁，两侧建筑群于1995年被拆除。

资圣寺山门（图4–4）始建年代无考，揆其形制，应为明代所建。面阔三间，进深四椽，单檐悬山筒瓦屋顶，平面呈长方形，位于一高约1.5米的砖砌台基上。正面柱身粗矮。高细比约为1：7，古镜式柱础，柱间以额枋[1]连接，柱上有平板枋[2]，平板枋为一整根原木，十分粗大，平板枋与额枋在断面上呈倒凸型。资圣寺山门斗栱并未区分柱头科与平身科[3]，

1　额枋，清代称谓；宋代称阑额，是柱子上端联络和承重的木构件。

2　平板枋，清代称谓；宋代称普拍枋。建筑额枋与柱顶上四周交圈的一种木构件，既起拉结木构架作用，又可与额枋共同承载补间铺作。

3　柱头科，即位于柱头部位的斗栱，宋代称为“柱头铺作”；平身科，置于柱间额枋上部的斗栱，宋代称为“补间铺作”。

图4—5 资圣寺毗卢殿

而是一律相同，在平板枋上等间距排开。斗栱为三杪三昂计心造[1]，坐斗[2]之上，施一正心瓜栱[3]，但不施翘而是以昂代替[4]。栱长度均比较短，且卷杀圆润，昂嘴两面切削如琴面，断面呈五边形，作象鼻状。山门正面明间开门，次间各开一圆券窗。

毗卢殿（图4—5）位于资圣寺主轴线上，山门之后，应为宋代建筑，元代曾更换过小部分梁架，后世几经修缮，但大体保存着宋代建筑形制，是极为重要的研究材料。

毗卢殿面阔进深各三间，石砌台基，高约50厘米，单阶制。平面呈方形，为典型的

1 计心造，宋代斗栱中，每一跳的华栱或昂头上，放置横栱的一种斗栱的结构方法。

2 坐斗，又名大斗；宋《营造法式》称为栌斗。坐斗在全攒斗栱最底层，承托全攒重量的斗状方木块，开十字卯口。

3 正心瓜栱，宋《营造法式》称为泥道栱，在檐柱中心线上，与建筑物正面平行；正心瓜栱与翘或昂相交，下为坐斗，上为两端槽升子、正心万栱。

4 昂，斗栱中在中心线上前后伸出，前端下斜带尖的木材部件称为昂，宋《营造法式》称为下昂，其功能与翘相同，形式不同。翘，弓形木，与建筑物表面成直角，因此也和栱成直角的构件称为翘。翘的形式和功能与栱相同，惟方向与之垂直，最底层的翘伸出最少，往上的翘，伸出逐层增加。宋《营造法式》称翘为华栱，无论长短。

图4–6 资圣寺毗卢殿脊饰

图4–7 资圣寺毗卢殿门扇

宋初做法。单檐歇山筒瓦屋顶[1]，出檐深远，举折平缓，经历百年的自然侵蚀，现出檐挑出仍有2米多，屋脊上的瓦饰和脊兽（图4–6）大部分造于明清时期，但仍有少数几块为宋代原件，其花饰栩栩如生，为琉璃艺术的珍品。

毗卢殿檐柱有明显的升起和侧脚的做法，明间和次间间距相等，明间开门，有门扇4重，斜格菱花格子门（图4–7），次间各开一窗，直格子窗，门窗应皆为明代重修时所加。柱身粗壮，高细比约为1：8，断面呈圆形，直柱，柱头无卷杀。柱间以阑额连接，柱头上有普拍枋，普拍枋扁且宽，和阑额呈T字形断面。

柱头铺作[2]（图4–8、图4–9）为双杪重昂计心造。栌斗上泥道栱与华栱呈正交布置，泥道栱之上施第一重足材慢栱，并刻出栱的轮廓。华栱之上以一交互斗承接瓜子栱，瓜子栱上为下昂，昂与第二重足材慢栱[3]相交，第二重足材慢栱亦刻出栱的轮廓，两重正心枋之间以齐心斗[4]连接，昂为批竹真昂，昂口上用交互斗承接令栱，令栱与上昂相接，上以散斗接替木[5]，替木上承挑檐檩，瓜子栱之上以散斗承接单材慢栱[6]，单材慢栱上以散斗承接附檐枋，附檐枋上应为内

1　歇山，我国传统建筑屋顶形式之一，由四个倾斜的屋面，一条正脊、四条垂脊、四条戗脊（即垂脊下端处折向的一条）和两侧倾斜屋面上部转折或垂直的三角形墙面组成，形成两坡和四坡屋顶的混合形式。

2　铺作即斗栱，宋代称谓，柱头铺作清代称柱头科。

3　足材慢栱，宋代称谓，清代称为正心万栱；在正心瓜栱（泥道栱）之上，与建筑物正面平行。

4　齐心斗，在正心栱两端，承托上层栱或枋。宋代称谓，清代称为槽升子。

5　散斗，宋代称谓，清代称为三才升；在各种外拽栱、里拽栱的两端，承托上层栱或枋。
替木，起拉接作用的辅助构件，常用于对接的檩子、枋子之下，有防止檩、枋拔榫的作用。

6　单材慢栱，宋代称谓，清代称为外拽万栱；在檐柱中心线外，与建筑物正面平行，外拽万栱之下为外拽瓜栱和两端三才升，外拽万栱之上为三才升、外拽枋。

图4-8 资圣寺毗卢殿檐柱柱头铺作侧视

图4-9 资圣寺毗卢殿檐柱柱头铺作顶视

图4-10 资圣寺毗卢殿补间铺作

图4-11 资圣寺毗卢殿转角铺作顶视

图4-12 资圣寺毗卢殿转角铺作侧视

梁，而挑檐檩上则承接椽子，上有一层飞椽。其后尾两跳偷心[1]，以承内梁。在正心斗栱之上，为多重正心枋，以齐心斗连接，这种做法较为原始。

毗卢殿补间铺作（图4-10）并未施在普拍枋之上，而是在正心枋之间以齐心斗连接，只有在最上层正心枋上才施一一斗三升铺作[2]，承接脊檩。

毗卢殿在处理外檐铺作时（图4-11、图4-12），通过多条枋水平联系，而水平枋之间通过齐心斗来垂直传力，整个结构环环关互，形成一个受力整体，这个受力系统有效地增加了檐下受压面，具有很强的弹性。

1　偷心造，斗栱构造形式之一跳头上不置横栱的，横栱的设置少于斗栱出跺。

2　一斗三升铺作由一只大斗、一个横栱和三个三才升构成的斗栱。属不出跺斗栱，只起传导荷载作用。是斗栱中最简单、最原始的一种。

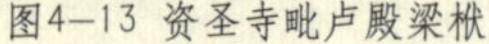

图4–13 资圣寺毗卢殿梁栿

图4–14 资圣寺毗卢殿梁栿

殿内梁栿（图4–13、图4–14）无平闇，彻上露明造。内柱高于外柱，仅有两前内柱，后两柱取消，以增大内部净面积，以便安放佛像。其横断面形成了《营造法式》上所载“六架椽屋，乳栿对四椽栿，用三柱”的形制。前两柱之间用柱头阑额、柱间由额连接，内柱柱头铺作多为单杪单栱十字形，铺作之间用枋连接，上下枋之间连以散斗，铺作之上，通过一根外伸的梯形木块来承接大梁，其作用相当于后世所见的雀替。而后两柱减去，一根大梁横跨四个椽架，这根大梁上安置斜起之梁，承接歇山屋檐下部。此梁架甚为粗大，断面呈圆形，且未加规整。平梁之上大叉手和侏儒柱并用。中原建筑，历来梁架结构均用平置构材，此种斜向做法，多见于元代建筑。据史料记载[1]，元成宗大德七年（1303年）山西发生八级地震，房屋损毁无数，估计资圣寺当年亦未能幸免，之后修缮，梁架出现部分元代做法，亦属合情合理。

整个毗卢殿梁结构井然明晰，是研究我国古建筑结构十分珍贵的材料。殿内梁栿上尚存有彩画，十分珍贵。

资圣寺五佛殿（图4–15）为资圣寺主轴线上的最后一座大殿，明代重修。

五佛殿面阔五间，进深六椽，平面呈长方形，坐落在一个两层的石砌矮台基上，单檐悬山屋顶。内外两圈柱，内圈有减柱做法。外圈柱有明显的升起和侧脚做法，正立面原为明间次间开斜格子门，两侧梢间开窗，近代重修时，改为仅明间开门，次间开窗。柱身粗

1 朱樟（清），《泽州府志》中引《高平志》，山西古籍出版社，2001年，第1196页。原文为：（元）成宗大德七年秋八月朔丁亥，泽州高平地震。时夜将半，大风起，须臾地震，如摇橹状，官舍、民庐坏者无算。

壮，高细比约为1：9，直柱，仅在柱头有切削，石质柱础。柱间以额枋连接，柱上以平板枋连接，平板枋厚于额枋，断面上呈“T”字形。柱上施双杪重昂计心造斗栱（图4–16），昂首呈象鼻状，昂嘴断面呈五边形，耍头雕成龙首状。除明间中心置一45°斜栱外，其余补间皆置双杪单昂计心造斗栱。栱和昂皆卷杀圆润柔和。

图4–15 资圣寺五佛殿

殿内（图4–17、图4–18）柱高于外柱，且减去前部两内柱，由六椽跨过五步间架，由于跨度较大，其与四椽栿间距较近，作用相当于大小额枋的关系。平梁为月梁，梁上侏儒柱与大叉手并用。五佛殿梁栿较为平直，但大梁多用原木，不加修直，虽有一种原始质朴之美，但有些形状并不利于结构受力。

图4–16 资圣寺五佛殿外檐当心斗栱

图4–17 资圣寺五佛殿梁栿顶视图

图4–18 资圣寺五佛殿梁栿侧视图

2.观音阁

观音阁（图4–19）坐落于资圣寺南面，原为大周村正南门城楼，后城墙被毁，观音阁也被填土至与地平。其始建年代不详，观其形制，应为明代建筑。观音阁作为原大周村南城门入口，是一大组建筑群序列的开端。由于进南门前为一段坡道，当人们从南城门进入大周村时，远远地便能看见观音阁雄踞在南城门之上，更加凸显了观音阁的雄伟壮丽。

图4–19 观音阁外观

图4-20 观音阁入口

图4-21 观音阁二层梁栿

观音阁犹如一只在城墙上歇脚的大鸟，亭亭乎，翩翩然，仿佛下一刻就要振翅腾飞。飘逸不失端庄的观音阁与厚实稳重的南城墙交相辉映，相得益彰。进入南城门，是一个由观音阁、资圣寺、五虎庙共同围合的小广场，可以看见千门万户，屋盖交错，一组组绚丽的建筑景象依次展开。

观音阁上下两层。面阔三间，进深二间，平面呈长方形，现在整座阁坐落在一个距地约1米的石砌台阶上。基座为一桥两孔的做法，以利“风水”的通过，据村中老人讲，阁底下有一只石龟驮着整座观音阁。因观音长居南海，这些做法寓意观音阁飘忽于水面上。

观音阁一层柱头施单杪下附半栱计心造斗栱，内部梁伸出架在第一跳翘上。补间无斗栱。一层檐柱及额枋、普拍枋皆纤弱，简单粗陋，形制较低，以至于一层挑檐已部分倾圮，以此推之，一层构架应为后世重修时补建，并非原作。一层檐柱内砌有砖墙，墙上明间开门，次间各开一窗洞。窗口还残留有一些直棂条，大门（图4-20）为拼板式，门上有门钉，造型简洁古朴。

一层内有楼梯通向二层（图4-21），二层为歇山顶，出檐深远。角柱较为粗大，正面明间的两个柱子较小，进深方向减去中柱。柱头上施以双杪三昂重栱计心造斗栱，昂嘴凹入如象鼻，两个斗栱之间的正心瓜栱和正心万栱之间用枋连接，两枋之间由坐斗承接。柱之间由额枋连接，柱上用平板枋，斗栱直接放在普拍枋之上。平板枋厚于额枋，且都在角部出头。整个二层结构井然有序，各个构件环环相扣，形成一套完整的结构。

3.五虎庙

五虎庙（图4—22）位于村南侧，原正南门北侧，坐东朝西，为供奉五虎上将的庙宇。原有一进院落，山门与资圣寺山门建筑共同围合成南门内的一片小广场。山门建筑现已拆除，仅存正殿一座。

正殿推测应为明代所建，面阔五间，进深六椽，平面呈长方形，坐落在一个高约1米的砖砌台基上，单阶制，单檐悬山屋顶。殿内无柱，四周围以砖墙，梁架皆插在墙体里。正面一椽屋架下为檐廊，檐廊以石柱承接，石柱断面呈四边形，角部做圆形抹角，柱身细长，高细比约为1：13；柱础为包袱式形制，柱上施一坐斗和正心万栱以承接伸出的内梁，无补间铺作，平板枋厚度小于额枋，在断面上呈“凸”字形。

额枋及栱、耍头、柱础上均有大量精美的雕花，栩栩如生，具有很高的艺术欣赏价值。

图4—22 五虎庙正殿

4.宣圣庙

宣圣庙又称文庙、大庙，位于东大街路北。据庙内万历年间石碑《重修汤王庙东廊并神厨记》载“盖自汉唐宋及我大明，凡春祈秋报，议祷水水官十二人，靡不斋戒祗肃，虔祀典隆”，可见在宣圣庙进行祭祀活动古已有之，同时，碑文还载“高平西南四十里许周纂镇，宋平泉里也。其里民建庙，所主神曰汤王”，可见，其中的汤王庙应始建不晚于宋朝。

据村民回忆，宣圣庙（图4–23）原有数进院落，坐南朝北，山门在主轴线东侧，正对资圣寺西侧大街。山门内原有四大金刚神像，山门两翼有钟鼓楼，山门西侧主轴线上依次坐落着南天门、大成殿，汤王殿三座大殿，形成两进院落。其中，南天门为建在高台上的一个三合院，高台中间台阶越往上越高，以突出其高耸的气势，恍若直上九霄。南天门对面为大成殿，内塑有孔圣人及七十二弟子之位。大成殿书房明月门前曾植有从云南移栽过来的“紫金树”，夏季开粉红色喇叭花，香飘数里之外。大成殿北部为一覆顶戏台。戏台正对着北部的一进三合院。院内正面为汤王殿，两翼看廊，为古时妇女小孩看戏之处，四角耳殿分别为神厨、药王殿、奶奶堂所在之地。主轴线西侧为一进三合院落，由大成殿西侧的月亮门进入，为村中私塾[1]。由此可见，当时宣圣庙规模宏大，秩序井然。现宣圣庙内仅汤王殿及两翼东西看廊保存尚好。

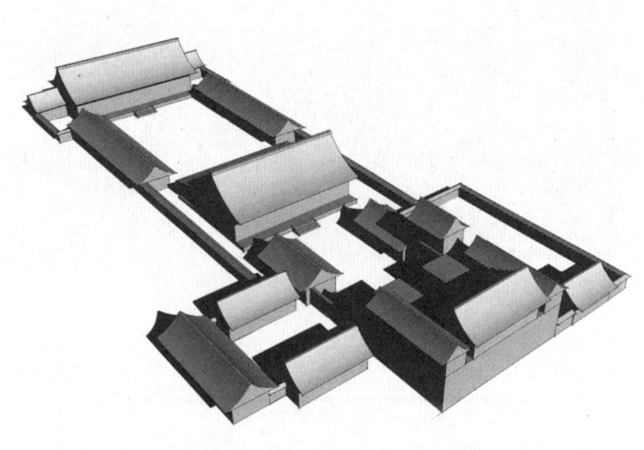

图4–23 宣圣庙复原示意图

汤王殿（图4–24）坐南朝北，是宣圣庙主轴线上的最后一座大殿。从院内碑文来看，始建于宋代，为酬谢汤王神君降雨的恩德而建[2]。但揆其形制，现存的汤王庙应为元代重修后的作品。

1　有关原宣圣庙规模由村民回忆记叙而成。

2　桑林祷雨，商史纪：成汤时岁久大旱。太史占之，曰：“当以人祷。”汤曰：“吾所以请雨者，人也。若必以人，吾请自当。”遂斋戒、剪发、断爪，素车白马，身婴白茅，以为牺牲，祷于桑林之野。以六事自责曰：“政不节欤？民失职欤？宫室崇欤？女谒盛欤？包苴行欤？谗夫昌欤？”言未已，大雨方数千里。（《淮南子·主术训》）

图4—24 宣圣庙汤王大殿

汤王殿面阔五间，进深六椽，平面呈长方形，位于一单层石砌矮台基上，台基高约0.8米，单檐悬山顶。汤王庙梁架布置极不规整，正面明间柱省却，将明间和次间合为一个大间，梢间不变。柱身极为粗大，高细比约为1：6，古镜式柱础，柱身有卷杀，自下而上，大体呈梭形。柱间以阑额连接，阑额上用普拍枋，其中间的普拍枋极为巨大，为一整根巨木，未经修直，呈拱形，符合受力原理。普拍枋上施铺作，并未严格按照柱子轴线布置。柱头铺作（图4—25）为双杪三昂计心造，补间铺作置45°斜向栱。昂首呈象鼻状，昂口断面呈五边形，耍头雕刻成龙首，卷杀柔和圆润。

图4—25 宣圣庙汤王殿外檐斗栱

汤王殿殿内（图4—26）为彻上露明造。采用移柱减柱造，减去前部四根内柱，六椽栿跨度达四步间架。后部当心间金柱向两边挪动，位于次间中部，以增大内部空间。内柱之间以由额连接，由于间距较大，其柱头之上以两层阑额连接。这三层阑额层层累叠，之间无间隙。阑额之上为檐内铺作，单杪十字铺作。四椽栿和平梁之间，除了用短直柱连接外，还采用了托脚，平梁之上，侏儒柱和大叉手并用。

图4—26 宣圣庙汤王殿殿内

整个汤王殿构架做法极为灵活，随着实际需求变化。这种灵活性很大一部分依赖于其采用的巨大木材。其所用材大多为未经修直的整根原木，极不规整。这也间接反映出元代建筑的随意性及山西地区好木材的缺乏。

汤王殿梁架上尚存一些彩画，为黄绿色系，较为少见。正脊和垂脊上亦有大量精美的琉璃雕饰。

两翼看廊（图4—27）位于汤王殿东西两侧，为古时妇女和小孩看戏时所用的廊屋。揆其形制，应建于明代。看廊面阔七间，进深四椽。平面呈长条形，位于一石砌矮台基上，单檐悬山屋顶，石柱高细比约为1：13，柱身断面呈四边形，角部做圆形抹角，柱间以额枋连接，柱头以平板枋连接，额枋极厚，约为平板枋高度的两倍。平板枋上施单杪重昂计心造斗栱。补间施单杪单昂计心造斗栱。东西看廊现损毁较为严重，屋顶已部分倾圮。

图4—27 宣圣庙看廊

图4-28 大周村火神庙南立面

图4-30 火神庙壁画

5.火神庙

火神庙（图4-28）位于村北，建于清雍正十二年（1734年）。火神庙坐落在高约1米的砖石台阶上，面宽三间，进深五椽，单檐硬山屋顶，平面呈长方形，四周围以砖墙，殿内无柱梁栿（图4-29）四架，皆插在四周砖墙上，正面屋架向外伸出，形成外廊。檐下以石柱承接，柱身断面呈四边形，角部做圆形抹角，柱身细长，高细比约为1：15。柱础为包袱式形制，为这一带常见的柱础形制，柱上施一坐斗和正心瓜栱以承接伸出的内梁，无补间铺作。平板枋扁且宽，与额枋在断面上成“T”字形。殿内彻上露明造，墙壁（图4-30）上东墙绘龙，西壁绘虎，正面绘有壁画人物，屋顶正脊及垂脊上有大量砖雕，非常精美，有较高的艺术研究价值。

图4-29 火神庙内部梁架

图4-31 大周村落灵庵

6.落灵庵

图4-32 落灵庵内部

图4-33 落灵庵窗洞

落灵庵（图4-31）位于村东南三皇庙下部，为清代建筑。原本用途有两个，一是由于大周村在外经商者众多，常有人客死他乡，因此灵柩运回村内时候，常先把尸骨停放在落灵庵内，再张法道场，招回在外游荡的游魂后下葬；二是用于暂时停放因家贫无力下葬者的尸骨，所谓“灵柩先落脚，后入土为安”，落灵庵因此得名。

落灵庵布局围绕山体展开，平面大体呈“L”形，正对马路和紧邻护城河的方向各有一进院落，其开向护城河及马路的门洞上分别写着“卧波”、“鸟鸣”。落灵庵整体为砖砌筒拱结构（图4-32），檐部用砖模仿瓦屋面的屋檐形式，檐下砖雕砌出阑额。承重为抵挡山体巨大的侧推力，墙体极厚，挡土墙约厚1.1米，墙顶部用砖层层叠涩出斜面。由于厚墙的原因，立面上门窗较少，均为圆拱式门窗（图4-33）。

整座落灵庵造型简洁大方，仅在屋檐底部有少量的浅砖雕，整体感很强，显得端庄、肃穆又不失灵气。

7.油王庙与针工阁

油王庙（图4-34）位于村东南部街巷转角处，殿内供有玄天上帝（图4-35），屋内梁架上有“万历三十二年……建”的字样，可确知为明代所建。

油王庙为一进院落，整体坐落在一个石砌的低平台上。院内仅有正殿一座，殿高二层，面阔三间，进深四椽，单檐悬山顶。殿内无柱，四周围以砖墙，梁栿皆插在墙里，彻上露明造，梁头伸出额枋，无斗栱，平梁上同时采用大叉手和侏儒柱。一般认为，唐代建筑中常常单独用大叉手以承脊梁，宋辽时期则兼用大叉手及侏儒柱，明清则独用侏儒柱而不用大叉手。但油王庙的情况使我们了解到，至少在明中叶，大叉手和侏儒柱仍被同时使用着。二层屋架脊檩上还有彩画（图4-36）的印迹。庙内供有玄天上帝的神位。油王庙主体建筑结构基本保存完好，立面处理简洁大方。作为街巷交接的节点处，具有汇聚并疏导人流的作用，在材料、色彩和体量上同周围的民居建筑取得了较好的统一。

图4-34 油王庙

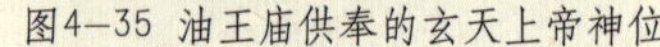

图4-35 油王庙供奉的玄天上帝神位

图4-36 油王庙彩画

图4-37 针工阁

与油王庙紧邻的圪洞口有过街楼（图4-37）一座，上面供有针工娘娘，每年七夕，村里的妇女们便会来此乞巧，希望自己能心灵手巧。

作为一座军事重镇，大周村几乎在每条街巷的端点上都建有一座过街楼，其形制大体类似，一层为砖拱结构，以前都安有门扇，二层小阁楼里一般供奉神仙神位。平时，下层拱门门扇打开，战时，则可关闭，上层用于瞭望和防御。

8.举三庙

举三庙（图4-38）位于村东部，从其形制上来看，当建于明代。举三庙为供奉廉颇的庙宇，大周村所在的高平地区原属赵国范围，因而，这一带建有大量的举三庙来纪念廉颇，风俗一直流传至今。

举三庙面阔三间，单檐硬山顶，四周围以砖墙，内廊檐下以石柱连接。石柱为四边形断面，角部做圆形抹角。柱础为立方体石块，今已磨损严重，柱头上施一坐斗和正心瓜栱以承接伸出的内梁。柱间以阑额和普拍枋连接，普拍枋与阑额厚度几乎相同，此为明代建筑的突出特点。举三庙的梁柱做法与火神庙相近，因而可以推断，火神庙与举三庙建造的年代应相差不远。

举三庙现状残败严重，屋顶已大部分瘫毁。额枋（图4−39）及正心瓜栱和屋脊上尚存有精美的雕花，亟待保护。

图4−38 大周村举三庙

图4−39 举三庙阑额木雕

9.三皇庙

三皇庙（图4–40）位于城东南角一处断崖上，其下便是落灵庵。始建年代不详，庙内大明万历十五年间石碑《高平县重修三皇五帝庙记》载，“镇东南隅，古有三皇五帝庙址，岁就倾圮，规模□隘”“余户中有荒茔之段，计地七亩……建正殿五楹，中塑三皇五帝，南北小殿六楹，中塑人根之主、金龙□王。门屏坦牖新之以砖。石神光榱宇皆丈以金朱，殿□庙皆覆以琉璃，巍峨拱萃，金碧辉煌，焕然一新，视昔天□判也，工始于万历二年三月，至万历八年六月内告成”，可知现存建筑为明代万历年间所建。三皇庙规模最盛时，曾有多进院落，现仅存一进三合院和一些偏房。

庙门为屋顶式门楼（图4–41），柱头上施一坐斗和正心瓜栱以承接伸出的内梁，做法与火神庙、举三庙类似。推测三皇庙的建造年代应与这二者相近。正殿（图4–42）面阔三间，进深四椽，屋后加出一广屋架，形成外廊，单檐庑殿顶。正面明间开门，两边次间开窗，现存门扇四重，菱形格边框门，应为明代原物。殿内无柱，四周以砖墙围合。梁栿皆插在墙体里，平梁之上，用侏儒柱辅以叉手来承接正脊。正脊上尚存有彩画。正殿的梁大多未经平整处理，直接使用树干的原始形状，具有一种古朴自然之美。

图4–40 大周村三皇庙

图4–41 三皇庙门楼

图4–42 三皇庙正殿梁架

正殿内供奉着三皇五帝，墙上还有壁画隐约可见。正殿后部外廊朝向护城河，可俯瞰护城河。三皇庙现毁损严重，正殿屋面大部分坍圮，梁栿结构亦摇摇欲坠。

图4-43 大周村西城门外侧

10.西城门

大周村各个时期对村内的军事防御系统建设都十分重视。西城门（图4—43）又称七间阁，为一座城楼式建筑。西城门处城墙依地势而建，居高临下，厚10余米，门洞上石刻匾额“周纂镇”。门楼上有指挥楼，又称祖师殿，两侧各有一个屯兵器械库，城墙上密排雉堞，是一处防御要塞。

祖师殿（图4—44）位于西城门城墙上，始建年代不详，揆其形制，应为明代建筑。祖师殿面宽、进深各三间，平面呈方形，重檐歇山顶，外部檐廊，内部砖砌。明间较大，次间次之。檐下柱高细比约为1：12，下檐柱头科为一斗三升，共计八朵，平身科出45°斜栱，共计十二朵。角科四朵，角部撩檐枋出头，上面直接搭接角梁，柱间以额枋连接，柱头施平板枋，平板枋扁且宽，额枋较厚。上檐正中为60°斜栱，补间斗栱单杪计心造，共计八朵，转角斗栱亦为单杪计心造斜栱。

整座祖师殿造型秀丽优美，整体气势雄伟。阑额、屋脊及斗栱上均有大量精美的雕饰。

图4—44 西城门祖师殿

图4-45 大周村西南门

11.西南门

西南门（图4-45）位于大周村外城西南角，始建年代不详，现今保存的是清乾隆年间重修后的建筑。西南门为砖木结构的二层阁楼，单檐硬山顶，底部门洞为抬架结构，只在两侧发券形门。其立面简洁，城外的一面上开两个圆拱小窗，向城内的一面则开大方格窗。

西南门顶层供奉着观音娘娘，其形式灵巧，掩映在村外菜园树林和民居中，具有很强的标志性。

12.关帝塔

关帝塔（图4-46）位于大周村外东南方向的河流转角水口处，建造年代不详。平面呈六边形，七层。第一层较高，底部有砂石基座，一面开门（图4-47），有台阶可上，门额

图4-46 大周村关帝塔

上有“毓秀”的石匾。以上每层都用砖正反叠涩，形成塔檐，塔身逐层递减，塔顶为宝葫芦形。每层三正面开圆券窗，三隅面砌圆券假窗洞，且逐层交错。盖考虑到开窗过多，会削弱塔体结构的稳定性，因而每层都只打通三个窗洞，另外三个则保留窗沿造型。同时，为保证人们在各个角度都能看到通透的窗洞，整个塔的窗洞呈交错式布置。这样一来，外部造型得以平衡，又保证了其结构的合理性，十分巧妙。塔顶层檐下用砖模仿木构至为忠实（图4—48），不仅用砖雕出屋檐瓦当，还叠涩出斗栱，甚至有昂头，还刻画出了卷杀的线脚。塔内（图4—49）原有楼梯盘旋着上到塔顶，现已坍毁。

整座塔完全用砖砌造，塔身用砖错缝砌造，转角连接处有接搓做法，塔檐和塔顶采用叠涩出挑的方法，窗洞过梁采用了拱结构，用砖砌出斗栱和葫芦式塔尖的造型，可以看出，工匠对砖的力学性能和雕刻技艺已掌握得非常娴熟。从造型上来看，远看关帝塔，简洁无赘饰，一个六面锥体，阳光下强烈的光影，将其简单几何体的体积感很好地衬托了出来，给人以庄严肃穆感，震撼人心，作为附近区域的标志性建筑得以掌控全局。走近

图4—47 关帝塔入口

图4—48 关帝塔檐部

图4—49 关帝塔内部

关帝塔，塔檐、窗口过梁，砖砌斗栱等细节依次呈现，整体与局部统一，且主次分明。可以说，大周村关帝塔是一件非常杰出的建筑作品。

13.百子桥

百子桥（图4—50）位于村东南路上，相传当年杨纂将军在此地驻军，于村东练兵，在必经的路上有条河沟，每天来往极不方便，村里人便发动一百个壮丁，各家出钱出力，合力修建了一座石桥，故称百子桥。

百子桥桥洞采用筒拱结构，符合石材的受力特点。桥拱的施工水平极高，每个砌块之间都严丝合缝，桥身用大条石砌成，采用了横向与纵向交错的砌筑方法，加强桥体内外砌块间的联系，使得其结构更为稳固。桥身上纵向砌筑的石块大都突出一节，应是为了施工方便。百子桥经历了几百年的风雨，至今仍能承载汽车通过，且结构完好。

图4—50 大周村百子桥

【第五章】

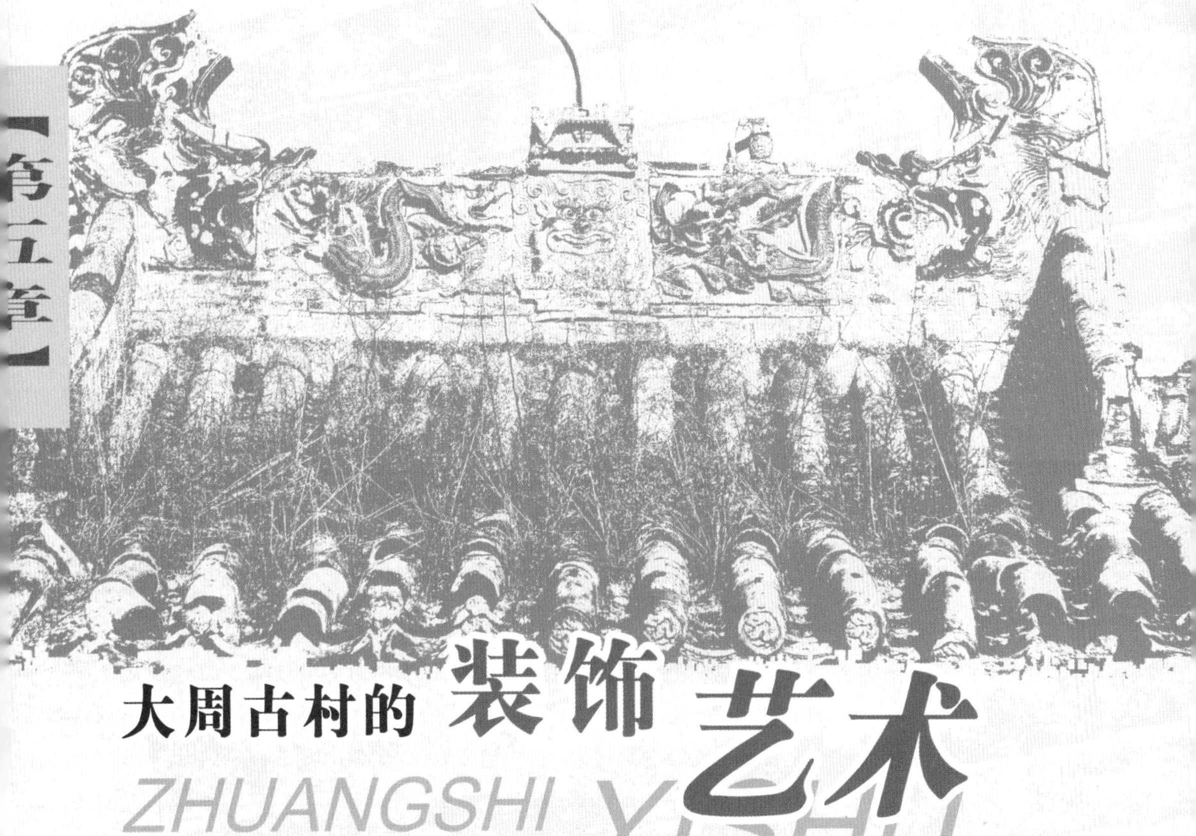

大周古村的装饰艺术

ZHUANGSHI YISHU

大周历史文化名村是一个民风淳朴的古村落，悠久的历史造就了大周古村别具一格的装饰风格，其装饰题材多选用瑞兽、花卉、蔬果和人物等象征吉祥祈福，遵循“有图必有意，有意必吉祥”的装饰理念。晋商灵活理财、汇通天下的经商之道早已名扬天下，但是由于受儒家文化的影响颇深，表现在建筑的装饰上是一种内敛的朴素和低调的奢华。行走在圪洞中，户与户之间并无明显区别，只有步入院门，才能看到华丽的装饰。

大周古村的建筑装饰主要集中在窗台石、门楼、抱鼓石、门槛石等处，综合了木雕、石雕和砖雕等多种装饰类别，将热烈与恬淡、夸张与写实、粗狂与细腻凝聚在方寸之间，让后人得以穿越时空，体味其浓烈的生活气息。

一、窗台石

窗台，即窗与窗下墙体之间的水平部分，窗台石的设置既方便安装窗扇，保护窗下墙体不受侵蚀，又可起到承重及丰富建筑外立面的作用。大周村常见的建筑形制为“四大八小”，窗台石便主要集中在“四大”中第一层窗户的下方，其余如耳房和二层窗下往往没有窗台石。

大周村的窗台石与窗扇、墀头等常见的建筑装饰一样，大多左右格局对称。窗台石在构图上通常遵循五段式的模式（图5-1）：中间是雕饰的主要部分，也是窗台石传达信息的关键，是整个窗台石的中心，边框多为卷草纹或缠枝莲；中心图案的左右两侧多以菊花等花卉或桃符等长寿吉祥纹样作为点缀；再向两侧则多用莲花座或宝相花作为收尾，有时也会看到一些小体型的家禽家畜，如兔子等，多呈正三角形或正方形。整个窗台石看上去就像是一幅正在展开的精美的画卷，图文并茂，意趣盎然。

窗台石装饰内容题材广泛、贴近生活，以生活中所喜闻乐见的花鸟鱼虫、祥禽瑞兽、

图5-1 两种窗台石构图的示意图

图5-2 许家大院正房东侧的窗台石

吉祥符号居多。表达的主题多为喜庆吉祥或纳福迎瑞，还有的则是展示主人的胸怀抱负、寄托对美好生活的向往、警示和教化后人等。表达方式亦是多种多样的，或隐喻，或象征，或用谐音等，形式和内容巧妙结合，意趣横生。

许家大院正房的这一组窗台石（图5-2）以仙鹤和莲花为主题，清新淡雅，意味深远。在我国传统观念中，仙鹤是祥瑞、长寿的象征，刘安（西汉）著《淮南子·说林训》中有“鹤寿千岁，以极其游”的诗句。而莲花有连绵之意，可见主人希望福寿悠长、绵绵不绝的美好心愿。东西两例窗台石中，左右两边各有一只仙鹤立于莲茎之上，体态丰盈，相向而望；中间的仙鹤挥展双翼，在莲花丛中戏耍，风姿绮丽，优雅灵动。仙鹤姿态不一，有的低头饮水，有的昂首阔步，有的啄毛梳羽，好一派怡然自得的闲情逸致。莲池中盛开的莲花与半舒半展的莲叶相互交织，仙鹤立于莲池，如同嬉戏在仙境中。两例窗台石的左右两侧均饰有菊花与玉兔，玉兔呈翘首状，兔耳肥厚，惹人喜爱。

牡丹象征大富大贵，在大周村的窗台石装饰中使用亦非常普遍。秦家大院正房的这一组窗台石（图5-3）中就以牡丹为主题，渲染着富贵万代、世世富饶的华丽氛围。图中的牡丹花瓣圆润饱满，层层叠叠，还有一些含苞欲放，枝繁叶茂，叶脉清晰，构成了一幅灿烂的牡丹园图。

图5-3 秦家大院正房下的窗台石

秦家大院东厢房的这例窗台石（图5-4）以菊花为主要装饰题材，图案的中心是两朵盛开的菊花，两端各刻有一个太极八卦图。菊花取“居”的谐音，暗指居所，同时也是凌霜不凋、气韵高洁的象征。这幅图案含蓄地表达了宅主人希冀家宅平安、后人品质高洁的良苦用心。

窗台石常常成对出现，两例虽在主题、构图、边饰方面相似，但其中心图案完全不同，所表达的意义自然也不尽相同，两者相辅相成，相映成趣，这也是大周村窗台石装饰颇具魅力的另一重要原因。

府圪洞秦家大院西厢房下的这组窗台石（图5-5），西侧的图案以盛开的菊花为主题，而东侧则雕刻着绽放的牡丹。菊花被誉为“岁寒四友”之一，象征着长寿与高洁，而牡丹以其端庄华贵的形象享有“唯有牡丹真国色，花开时节动京城”[1]的美誉，被视为雍容华贵、荣华富贵的化身，从图案的选择上，我们不难看出主人向往的是一种荣华富贵、长寿怡然的生活。

焦家大院正房这组绘以凤凰喜鹊图的窗台石（图5-6）非常引人注目，喜鹊是好运与福气的象征，凤凰代表着吉祥与和谐。喜鹊与凤凰共同烘托出喜庆、祥瑞的寓意。窗台石构图饱满，同时别出心裁地以芙蓉花的朴素典雅来衬托喜鹊与凤凰的热闹不凡，更显得动静相宜，别有一番韵味。窗台石以细密的波纹做底，保留了石材的粗糙本色，也凸显出图案的精致细腻，增添了几分质朴之美。

武家主人院的这一例窗台石中描绘的兰与菊（图5-7），可谓丝丝入扣，细致入微。“梅兰竹菊”是四君子，分别代表着傲、幽、坚、淡。空谷生幽兰，兰具有“人不知而不愠”的君子风格，最是令人倾倒。菊与兰的题材出现在武家大院的窗台石上，表现了一种不求仕途通达、不沽名钓誉、只追求远大志向的坦荡胸襟，表现了一种疏远污浊、保全自己美好人格的崇高追求。整幅图案经线雕而成，层次丰富，令人赞叹不已。

一些具有驱邪避灾、祈福纳祥等象征意义的祥禽瑞兽图案在大周村的窗台石中也经常使用，其中最为常见的要数狮子。狮子为百兽之王，是权力与威严的象征，尤其受到佛教的推崇，称之为兽中之王，可镇百兽。李时珍著（明）《本草纲目》中对狮子有记载：“陶九成言：其食诸禽兽，以气吹之，羽毛纷落。熊太古言：其乳入牛羊马乳中，皆化成水。虽死后，虎豹不敢食其肉，蝇不敢集其尾。” 南怀仁（清）著《坤舆图》说：“狮

1 引自（唐）刘禹锡《赏牡丹》。

图5-4 秦家大院东厢房窗台石

图5-5 秦家大院西厢房下的窗台石

图5-6 焦家大院正房下的窗台石

图5-7 武家主人院窗台石

为百兽王，诸兽见皆匿影。性最傲，遇者亟俯伏，虽饿亦不噬。……又最有情，受人德必报。……掷以球，则腾跳转弄不息”。所以古代常用石狮或石刻的狮纹来“锁门”、“镇墓”和“护佛”，用作驱恶辟邪。

焦家圪洞的这例窗台石为经典的“狮子抢绣球”图案（图5-8），两只狮子呈相拥之势，左侧的狮子表情严肃，正视前方，右侧的狮子则视斜前方，略显顽皮。因“狮”和“事”谐音，两只狮子即为叠音“事事”，取“百事、万事”之意。古代视绣球为喜庆吉祥之物，是用丝织品仿绣球花制作而成，取意为“求”，绣球的绳索没有断头，有连续不断之意。狮子绣球表达出祈求所有事情都能一顺百顺、永无尽头，即百事顺意、万事如意。

相比之下，刘家大花园倒座下的这例窗台石处理手法稍显夸张（图5-9），两只狮子张牙舞爪，口衔绣球的绳索，动感十足，颇具气势。另外，狮是“世”的谐音，绳是“盛”的谐音，所以此处的窗台石不仅表达了“事事求顺”的心愿，还有歌颂太平盛世的寓意。同样是双狮抢绣球的题材，却从更深一层的意义上表达了人们对于安居乐业、社会繁荣稳定的幸福生活的向往。

图5-8 百事顺意窗台石

图5-9 刘家大花园倒座的窗台石

图5-10 武家书房院窗台石上的“双狮抢绣球”

武家书房院的窗台石（图5—10）上也有一对石狮，体态慵懒，稍显肥胖，虽然与前两例相比动势与气势略显不足，但却凸显了狮子顽皮憨厚的一面。

马自古就被认为是忠诚的伴侣，是成功的象征，频频出现在窗台石的各种吉祥纹饰中。马常常与祥云相伴，彰显高贵气质。如高楼圪洞的这一处窗台石图案中（图5—11），一匹骏马奔驰于晴空旷野，昂首阔步，傲气凛然，前后有祥云环绕，寓意一马当先、前程似锦。

文字符号也是大周村窗台石装饰的一种重要题材，多以篆刻印章的形式出现。大周村虽然曾是军事重镇，但大概是人们皆能体会到“万般皆下品，唯有读书高”的道理，希望凭借刻苦读书和真才实学考得一官半职，以显赫门庭，于是个别人家的建筑的装饰风格开始附庸风雅。这种观念的转变表现在窗台石上，就化为一个个文字符号类的装饰图案。此类窗台石并无浮夸的装饰手法，表达的仅仅是一种质朴而直白的心愿。如武家祠堂院正房的这一例窗台石（图5—12），正中刻有一枚正方的大印章，赫然醒目，字样清晰可辨，两侧为玉兔雕花，尽端各为一莲花收束，莲花呈正三角形，整体构图突出强调了正中的印章。印章通常是官职和身份的象征，反映了主人对高官厚禄的追求和远大的抱负。莲花冰清玉洁，有“莲出淤泥而不染”的美誉，表达了主人对高洁品质的追求。

图5—11 高楼圪洞窗台石

图5—12 武家祠堂院正房窗台石

图5-13 窗台石中的玉兔装饰

大周古村的窗台石的两端常常出现以云纹或卷草纹包裹着的玉兔图案（图5-13），而且一般以侧面形象出现。究其原因，是与十二生肖有关，“兔”与地支中的第四位“卯”相称，“卯”像开门之形。同时，卯在时辰上是黎明时分的五点至七点，也就是天刚刚亮，太阳已经升起，卯时意味着黑、白不再混淆，各家的窗门也应该打开了。同时兔子也是聪明伶俐、平和温顺的象征。由此，我们不难理解为何玉兔会被大量地运用于窗台石的雕刻中。

武家祠堂院西厢房的这一例窗台石的构图为七段式（图5-14），中间也有一枚大大的印章，与正房的窗台石相比，除了印章上的文字有所不同外，端头的装饰也略有一些变化，各刻有一组海棠花，由此可推测主人追求海棠花的芳香和常春，反映出其内心的高洁和远大的志向。整体构图紧凑，张弛有度。

武家祠堂院东厢房下也有一例七段式结构的窗台石（图5-15），但不同的是端头以代表富贵的牡丹作点缀，给素雅的意境增添了一丝喜庆富贵的气息。不难看出，在大周村的古民居装饰中，追求兴旺富足、荣华富贵是永恒的主题。

图5-14 武家祠堂院西厢房窗台石

图5-15 武家祠堂院东厢房窗台石

二、门枕石

门枕石是用于宅门两侧的石构件，用来承托门扇、支撑门轴和插放门槛。根据主人的身份地位不同，门枕石的形态亦不相同，大致可分为两类，一种呈鼓状，俗称抱鼓石，一种是箱形门枕石。抱鼓石一般由鼓身、鼓座和须弥座组成，大鼓边缘雕鼓钉，饰盘长等纹样，鼓面雕刻各种图案。箱形门枕石为竖立的长方石，三面雕花，两种形式的门枕石上偶尔还能见到形态各异的狮子，或蹲，或趴，或卧。

1.抱鼓石

抱鼓石上之所以用圆鼓作门枕石的原因有两种说法：一种说法是在尧、舜时期，有“尧设谏鼓，舜立榜木”的民间故事。在朝廷大门之外的鼓被称为谏鼓，百姓有事可到此击鼓以求得进谏，这是朝廷听取民声民意而采用的一种办法，因此，门前设鼓就有了表示欢迎来人的象征意义，后人便把圆鼓设在大门外作为装饰。另一说法是，抱鼓石取之于鼓形，似与元人的骁勇善战有关。元人定鼎中原之后，把庆贺胜利的皮鼓作为一种象征物，用石墩的形式永久保留下来，放在自家门口，以示光宗耀祖。石鼓下常以花叶托抱，所以又称“抱鼓石”。

大周村中的抱鼓石装饰精美，鼓面追求中国传统满构图的审美意趣，内容以花鸟、虫鱼、瑞兽、人物居多，配以如意卷云纹；鼓身上常常卧有小狮或者狮首衔环，象征门户安全、六畜兴旺。圆鼓子下面是须弥座，须弥座由上枋、上枭、束腰、下枭、下枋、圭脚等几部分组成，其上的花纹有瑞兽或人物故事，内容之精彩程度不亚于上面圆鼓子的团花装饰。承托圆鼓子的往往是竹节或包袱角，与须弥座形成自然的过渡。抱鼓石可以说是大周古村建筑装饰中浓墨重彩的一笔。

民间认为“狮子守门最安全”，所以在抱鼓石上常见到狮子。武家灵堂院入口处的一对抱鼓石在左右两石鼓上各雕刻一狮首衔环（图5-16）。下部须弥座正面左侧是海马流云，表达天马行空、志在千里之意。右侧则是犀牛望月，又名“吴牛喘月”。吴地的水牛见到月亮以为是太阳，以为烈日当空，于是汗水蒸腾，喘息不止。在此使用夸张的手法劝

图5-16 武家灵堂院大门入口抱鼓石正面

诫后人谨小慎微为好。石座之上有三段竹节托着圆鼓，竹节纹可喻“节节高升”之外，又代表人们春节时燃放以祈求平安幸福的“爆竹”，所以又有“竹报平安”之说。鼓面雕“五福捧寿”装饰图案（图5-17），五只蝙蝠环绕在一个寿桃周围，反映了五福寿为重的传统思想。

在武家祠堂院入口处的抱鼓石须弥座的正面刻有“麒麟望月”图（图5-18）。麒麟前足腾跃，抬头望月，恬淡怡然，雕刻手法纯熟。麒麟有送喜之说，“麒麟望月”，也寓意天官赐福，有祈求升官发财之意。

焦家大院抱鼓石（图5-19）除了鼓身上的兽首为高浮雕外，鼓面（图5-20）、须弥座

图5-17 武家灵堂院大门入口抱鼓石鼓面上“五福捧寿”

图5-18 武家祠堂院大门入口抱鼓石正面

图5-19 焦家大院大门入口的抱鼓石正面

图5-20 焦家大院大门入口的抱鼓石鼓面上施绘的线雕

图5-21 申家大院大门入口抱鼓石

的雕刻手法均为线雕，又称“沉雕”。据焦家后人说，线雕就是采用“水磨沉花”[1]的方法，将图案印在石材上后再进行雕刻。此类雕刻手法吸收中国画的寓意重叠的笔法，石料经平面加工抛光后，描摹图案文字，然后依图刻上线条。

凤凰为百鸟之王，寓意祥瑞、富贵。大周村中多户人家的抱鼓石偏爱凤凰图案，如申家大院入口处的抱鼓石鼓面上就雕刻了一对凤凰（图5-21）。凤凰与牡丹的组合图案更为多见，这种图案在民间被称为“凤穿牡丹”、“牡丹引凤”或“凤戏牡丹”。牡丹为百花之王，亦被称为富贵花，象征荣华富贵。凤凰同时又是雌雄两鸟的称谓，雄为凤，雌为凰，雌雄同飞，相向而鸣，象征夫妻和睦、举案齐眉。两者组合，表达了人们对荣华富

图5-22 刘家大院大门入口抱鼓石

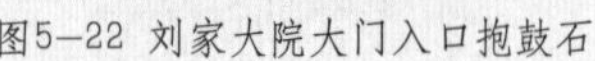

1 古时石雕中的一种线雕技法。

图5-23 刘家大院大门入口处抱鼓石鼓面上的“凤戏牡丹”

贵、幸福美满的生活的向往和追求。

刘家大院大门的抱鼓石鼓面上为“凤戏牡丹”图（图5-22、图5-23），凤凰风姿绰约，立于牡丹花下，嬉戏欢鸣，充满喜庆气氛。抱鼓石由莲叶承托，下部须弥座侧面对称地雕刻着一对奔驰的骏马，前马作回首状，与后面的马儿相映成趣。须弥座下雕有层叠的莲花花瓣，圭角饰以如意吉祥云纹。

此外，在韦家大院大门入口（图5-24）以及高楼圪洞（图5-25）的几处院落入口处的抱鼓石鼓面上，也都刻有“凤戏牡丹”图。

鹿在民间亦是祥瑞的象征。鹿与“禄”谐音，象征福禄、官禄。俗语称“路见白鹿”是升官晋爵的征兆。在各种装饰图案中，鹿的造型多取回头姿态，所谓“十鹿九回头”。韦家大院大门入口的抱鼓石须弥座就采用了此种图案（图5-26）。门枕石须弥座的

图5-24 韦家大院大门入口处抱鼓石鼓面上的“凤戏牡丹”

图5-25 高楼圪洞的抱鼓石

图5-26 韦家大院大门入口处抱鼓石须弥座侧立面

侧面，各自描绘了双鹿逐于林间的美景，鹿的造型动感十足，鹿音通“路”，双鹿寓意路路顺利。

2.箱形门枕石

箱形门枕石也叫箱体墩，相传过去的举子进京赶考，携带的典籍和文房四宝要分层放置在书箱内，为避免磕碰，书箱做得很高。待举子及第后，便把立功的书箱作为永久性装饰物放在门外，光耀门楣。后来将门枕石做成箱体墩的形式，立在书香门第或文臣的府门前，作为读书人身份的象征。

箱形门枕石的雕刻手法以线雕居多，虽然不像高浮雕那样具有凹凸的立体感，但手法大多细腻精致，内容以浅显易懂的吉祥纹饰为主，昭示宅主人地位的尊贵，同时也能展示其深厚的文化底蕴。

武家书房院大门入口的一对箱形门枕石，正面上部（图5-27）雕刻着由仙鹤、莲花组成的“一品清廉”图，借以表达为官居高而不贪、清正廉洁的高尚品行，也是为了告诫后辈子孙做人要正直坦荡。左右两侧的仙鹤神态不一，一只引吭云霄，一只低头戏水，都颇具飘逸空灵的神韵。门枕石的侧面（图5-28）上部施“凤戏牡丹”图，下部为“飞马驰骋”图，骏马长有神翼，做奔驰腾跃状。

图5-27 武家书房院大门入口箱形门枕石正立面

图5-28 武家书房院大门入口箱形门枕石侧立面

图5-29 武家主人院大门入口的箱形门枕石正立面

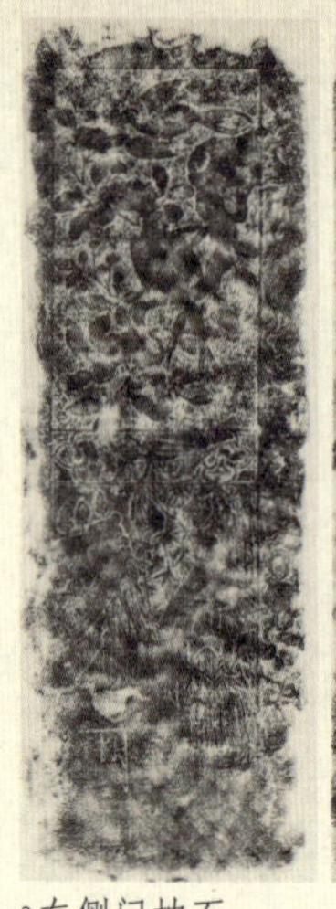
a左侧门枕石

b右侧门枕石

图5-30 武家主人院大门入口的箱形门枕石正立面拓片

马是圣贤与人才的象征，古人常常以“千里马”来比拟贤良。两幅图饰构图饱满，周围以卷草纹勾勒出画框。虽有稍许损毁，但是依保存下来的图案看，仍不失为线雕装饰中的精品。

武家主人院大门入口处的一对箱形门枕石，正面所描绘的均为“喜鹊登梅”（图5-29、图5-30），亦做“喜上眉梢”，同时两只喜鹊也暗含了“双喜临门”之意。 左侧

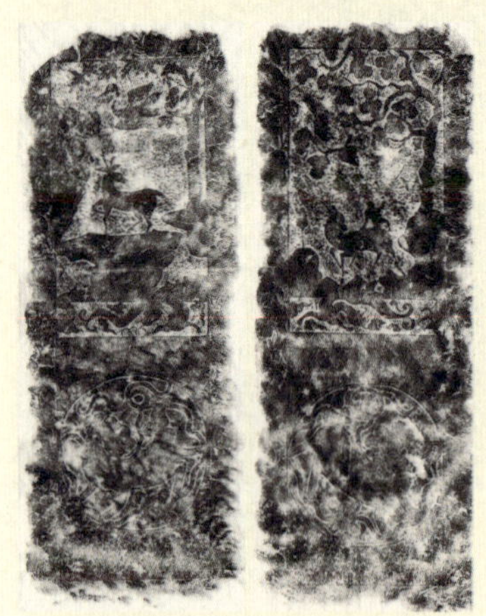
a左侧门枕石　　b右侧门枕石

图5-31 武家主人院大门入口的箱形门枕石侧面拓片

图5-32 白家大院大门入口箱形门枕石侧面

门枕石侧面（图5-31 a）上方施雕“马上封侯”，由猴子、骏马组图，猴子抓耳挠腮，逗人喜爱，骑于马上，暗喻“马上”，为立刻之意。“猴”与“侯”同音双关，侯为古代五等贵族爵位的第二等级，泛指达官权贵，此图寓意功名指日可待。右侧门枕石侧面的上方施“鹤鹿同春”，梅花鹿悠闲地立于山石之上，与空中盘旋的仙鹤相映成趣，表达寿运绵长、长生不老之意（图5-31 b）。因“鹿”与“六”、“鹤”与“合”谐音，又称“六合同春”。“六合”指天、地、东、西、南、北，“六合同春”寓意天下皆春，表达了百姓祈求国泰民安的美好愿望。

白家大院的一对箱形门枕石上原来各有一蹲坐的石狮，现已损毁。侧面线雕图案为“一品清廉”（图5-32）。

三、门槛石

门槛石即门框下面与地面交界处的石条，也叫门砣石。门槛石的作用是拦截屋外的潮气，同时界定室内外空间。

大周村院落大门入口处的门槛多为木质，平淡无奇，然而步入院内，低下头时，除了斑驳的方砖讲述着历史的沧桑，还会发现院内房屋的入口处有很多精美的门槛石。门槛石以整块条石铺砌雕琢者居多，图案内容有的左右对称、中规中矩，有的自由随意、不拘一格。这些装饰图案虽繁简程度不一，内容形式各异，但都有着独特的寓意和深刻的文化内涵，反映了村民质朴的本性。

图5-33 李家大院正房门槛石

大周村门槛石的装饰图案内容广泛，几乎集合了各种祥禽瑞兽，以及卷草纹、云纹、水波纹、回纹等纹饰。祥禽瑞兽反映了人们趋吉避凶、追求幸福美满生活的心理，而卷草纹、云纹、水波纹与雨水相关，反映了从事农耕的人们祈求丰收富足的心愿。

李家大院正房门槛石（图5—33）、武家书房院正房门槛石（图5—34）的装饰图案均以奔马作主题，简约大方。

武家夫人院的门槛石上为吴牛喘月图（图5—35），水牛四肢微蜷，状似即将卧倒于地，两端以牡丹花与花蕊作为收束，构图简单。“吴牛喘月”给后人以“求知必穷尽，不做喘月牛”[1]的启迪。匠人寥寥数笔便将整个图案的装饰意味和寓意表达得十分充分。

图5—34 武家书房院正房门槛石

图5—35 武家夫人院正房门槛石

1 《世说新语·言语》——“满奋威风，在晋武帝坐；北窗做琉璃屏，实密似疏，奋有难色。帝笑之，奋答曰：‘臣犹吴牛见月而喘’。”

图5-36 武家大院东厢房门座石

图5-37 程家大院正房门座石侧面

图5-38 程家大院西厢房门座石侧面

图5-39 段家大院角门的门座石

图5-40 刘家大花园正房门槛石

门座石突出于门槛石，常用在正房或厢房的门下方，承接并保护门轴。门座石的正面与侧面图案各不相同，麒麟送喜（图5-36）、瑞兔献寿、海马流云等都是常见的装饰图案，用来表达看家护院和祈福祈寿的美好愿望。

程家大院正房的这一对门座石，侧面各雕有一只体态雍容的玉兔（图5-37），脚下所踩似浪似云，空中艳阳高照，右侧的玉兔呈回首姿态，周身环绕着枝叶繁茂的灌木。西厢房门座石的侧面雕海马流云图（图5-38），云彩从奔马的口中吐出，犹如仙气一般，构图简洁有力，配以花蕊收束，一派祥和景象。

段家大院角门的门座石（图5-39）与刘家大花园正房的门槛石（图5-40）都能见到造型生动、体态不一的鹿。段家大院角门处的门座石上各有一只梅花鹿，底景衬以雕花。“鹿”在传统文化中寓意祝寿、祈寿。此例门座石雕刻手法拙朴，蕴含着对官运亨通、延年益寿的祈福。

图5-41 焦家大院门座石

图5-42 申家大院东厢房门下的线雕门座石

焦家大院的这一例门座石上（图5-41），雌雄双鹿造型优雅，体态婀娜，顿足回首都刻画得十分传神。菊花的位置略虽显突兀，但充满着浓郁的乡土气息，别有一番趣味。

除了众多的浮雕形式的门座石，大周古村还有许多线雕的门座石，大多为寻常人家所用。雕刻的人物、花鸟、瑞兽等各具特色。如申家大院东厢房门下的这例线雕门座石，尽管没有阴影交错，但细细抚摸之下犹见主人儒雅的兴致（图5-42）。

四、柱础

柱础是承受柱压力的垫基石，其功用是将柱身集中的荷载分布于地上较大的面积，以减缓木柱因受力而下沉的速度，同时柱础对木柱有保护作用，可防柱脚受潮腐蚀或碰损，还能起美化装饰的作用。

几腿座式柱础在大周村十分普遍，是典型的清代柱础石形式。几腿足端呈饱满的圆型，并且向内卷曲，形成柱础式脚，给人以新奇之感。两个几腿之间点缀鹿、牛、狮、马等常见的动物装饰图案，造型别致，栩栩如生。在几腿座式柱础的基础上演变出四方形几腿座式柱础、圆弧四方形几腿座式柱础、圆鼓几腿座式柱础等，柱础装饰图案简洁明快，柱座多雕刻卷草图案或莲枝花草，几腿座之间缀有动物或宝相花、牡丹、菊花等花卉。

四方形几腿座式柱础为大周村十分常见的柱础形式，将方石料雕琢成几案的几腿形式，且几腿座呈四方形，在四个侧立面上做图纹雕饰。如七间阁的柱础，顶部隆起高约两厘米的圆台承接着木柱，束腰转折处饰有缠枝莲纹。最为奇特的是在几腿座之间，十二生肖中的数种动物被雕饰在柱础的各个侧面上，活灵活现，生动传神（图5-43）。大周村在

图5-43 七间阁柱础上的生肖图案

a牛

b虎

c兔

d马

e羊

f猴

g狗

整体布局上暗合八卦的形状，七间阁位于村子正西方，西边在八卦中主掌轮回，也就是天干地支的开始。以生肖来镇守村中的风水，构思可谓巧妙。

村内另有一种圆弧四方形几腿座式柱础（图5–44），是将四方形柱础做圆弧形的变化。这种柱础的形式可以反映出明清时期做法上的不同，明代的柱础石近乎方正，虽然没有棱角但是仍能看出雕凿之初是以长方体为基础进行的，而到了清代，柱础的棱角变得更加不分明，有些甚至变得浑圆。同时，底部方形柱座缩小到几乎与柱顶石等径，整个柱础由一块石料制成，便于施工。

圆弧四方形几腿座式柱础中，除了以与生活息息相关的小动物作为装饰外，还能见到莲花、牡丹等植物的点缀（图5–45）。

图5–44 大周村的圆弧四方形几腿座式柱础

图5–45 饰以植物图案的圆弧四方形几腿座式柱础

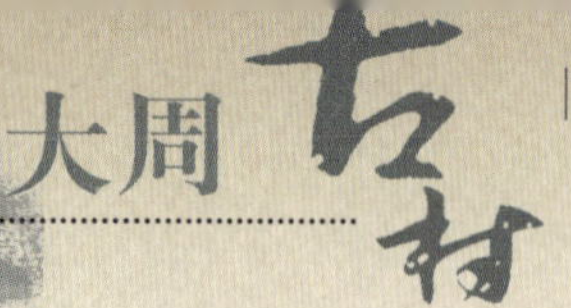

图5-46 武家祠堂院圆鼓几腿座式柱础

图5-47 武家书房院屏门处的圆鼓几腿座式柱础

在几腿座式柱础的几面上加以圆鼓就是圆鼓几腿座式柱础。圆鼓是古代军队中进攻助威的一种器具，同时又是人们用来庆祝的乐器。古人认为鼓声能帮助人们战胜对手，是一种神秘的力量。选择鼓的造型作柱础，除了在建筑上追求多样的艺术造型外，还含有胜利、欢乐和辟邪的象征意义。武家祠堂院的柱础形式为圆鼓几腿座式柱础（图5-46），其造型不但仿圆鼓形状，鼓上还饰有鼓圈、鼓钉。圆鼓柱础的鼓面刻螺纹，质朴无华。亦有少数将吉祥图案修饰其上，精雕细琢，别有风味。武家书房院的屏门下也有类似形态的柱础石（图5-47）。

几腿座式柱础石式样在大周村变化繁多，除了上面介绍的几种典型形式外，还有的柱础在几腿座上加衬包袱，包袱是铺盖在须弥座上的衬布，呈正方形，四角垂落下来。包袱与几腿座相结合而产生的柱础形式常用于寺庙建筑，如火神庙（图5-48）和五虎庙（图5-49）的柱础。

图5-48 火神庙柱础

图5-49 五虎庙柱础

图5-50 各式门楼木雕

五、门楼木雕

门楼是宅院的第一道防线，大周村的门楼汇集了木雕的精华，不仅展示了工匠的高超技艺，更显示了宅院主人的处世心态和社会经济地位（图5-50）。各式纷繁不同的门楼使大周村院落的外立面显得更加多姿多彩。

图5–50 各式门楼木雕

图5-51 刘家大院额枋木雕

门楼的木雕多施于梁柱之间，用料粗大，体积厚重。为求得良好的视觉效果，木雕纹饰力求简洁，使门楼整体呈现出一种浑厚凝重、简洁大气的风格特征，充满了原始质朴的美，兼有一种威严的气势。虽如此，细看之下，高浮雕、浅浮雕、透雕和线雕等应有尽有，额枋、通天门楼错综复杂。

1.大门门楼额枋木雕

额枋，宋称阑额，是连接两檐柱的矩形横木，历来是装饰的重点部位。

刘家大院的额枋木雕属于透雕类，不仅刻画了多种植物花卉，更是把一个个祥禽瑞兽刻画得惟妙惟肖（图5-51）。麒麟、喜鹊、凤凰等，或隐匿于牡丹花间，或跃然枝头，造型上互为依托，却又各不相同。传说麒麟是经过复合构思的动物，集龙头、鹿角、狮眼、虎背、熊腰、蛇鳞、马蹄、猪尾于一身。俗语说“有毛之虫三百六十，而麒麟为之长”，故有“麒麟献瑞”之说。麒麟可引贤者为官，并可兆示着福禄与丰年。同时“兽”又与

图5-52 琚家大院额枋木雕

“寿”同音，表达祝寿、祈寿之意。这例额枋两端木雕麒麟奋蹄腾跃，张口鬣鬃，取昂首之势，形象威武雄壮，周身为杂宝所簇拥，祥云袅袅，一派祥和之象。四周以牡丹花为点缀，花形硕大，姿态张扬，花瓣分明，一派从容大度、雍容华贵的花魁风范。麒麟仅在盛世出现，牡丹又象征华贵，二者布局轻松舒展，相得益彰，“盛世永泰”、“富贵满堂”的含义一目了然。麒麟之上还雕有凤凰，凤凰为百禽之王，象征吉祥、喜庆、高贵，“凤戏牡丹”象征富贵，喜鹊与牡丹暗喻“喜福会”。如此多的图案热闹纷呈，不胜枚举，但

图5-53 刘家南院“海马流云”及“丹凤衔桃”额枋木雕

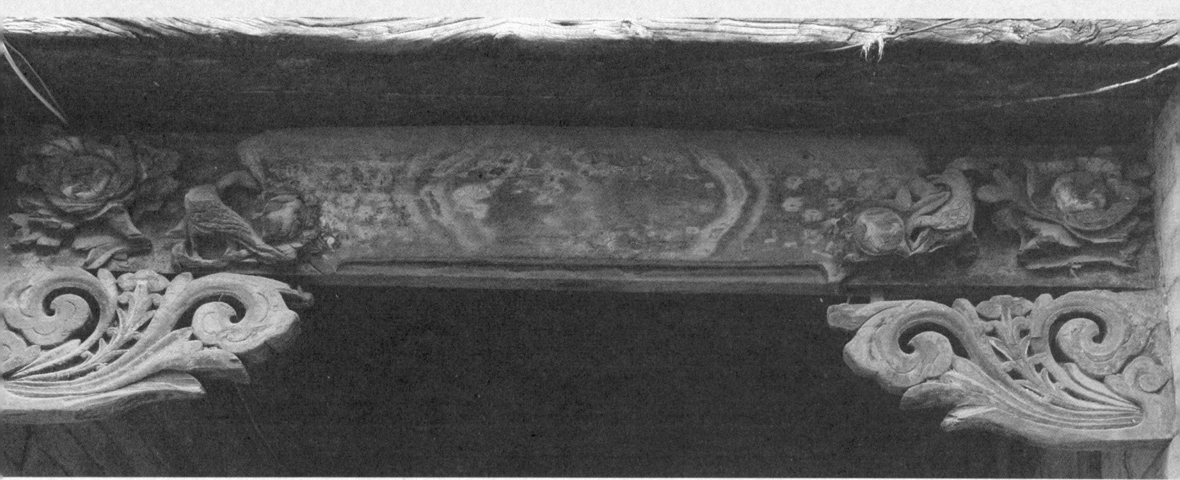

图5—54 刘家北院入口大门楼上的额枋木雕

造型每每轻快流畅，张弛有度，雕花撰朵，细腻如丝，在光影的变化中形成无尽的意象。额枋承托着一个磬，向两侧伸展出飘逸的绶带，暗喻吉庆（磬）有余。

琚家大院（图5—52）与刘家大院的额枋装饰形式相似，阑额之上一对喜鹊立于牡丹枝头表示喜鹊报喜，双喜临门。雀替是“海马流云”构图，马昂首翘足，似有破空而出之势。琚家门楼额枋正中的木雕显得朴素祥和，写意随性，不拘一格。其虽有缺损，但整体轮廓清晰，造型生动。

刘家南院入口大门楼处的额枋雕饰（图5—53）虽称不上纷繁复杂，却也同样融合了许多吉祥纹饰。采用深雕的手法，巧妙地将寓意事业蒸蒸日上的“海马流云”、象征富贵长寿的“丹凤衔桃”雕琢于莲花、莲蓬与莲叶之间，表达了祈求福寿绵延、青春永驻、前程似锦的愿望。这一例木雕保存较完整，通体施以彩绘，额枋上的花青与曙红彩画隐约可见，从木雕的精美程度足见当年木雕艺人刀工的娴熟、细腻。

刘家北院入口大门楼处额枋的雀替以卷草纹作为木雕图纹（图5—54）中，采用透雕工艺，线条自如、流畅，风格朴实、自然。

大周村的门楼木雕中，狮子也是常见的动物形象。村中武家祠堂院正房檐枋上的“狮子滚绣球”木雕（图5—55）中，两只狮子相向而视，身披重甲，脚踏翻滚的浪花，口微张，双目通灵有神，气势威猛，周身缠绕着吉祥丝带。绣球上则饰有海棠花图案，象征寰宇和世间万物，绣球所系的绳索衔于口中并绕过颈部，寓意万事顺意。双狮滚绣球反映了村民对于安定祥和、幸福吉祥的美好生活的向往。

图5-55 武家祠堂院正房檐枋上的“狮子滚绣球”彩绘木雕

图5-56 马蹄圪洞门楼额枋上“骏马祥云”木雕

马象征聪明勇敢和忠实耐劳，又因为有“骏马绝地，足不践土”之说，更被当做气质飘逸优雅的祥瑞。马蹄圪洞的这一例门楼额枋上的“骏马祥云”木雕（图5-56），一匹骏马神态悠闲，昂首阔步，脚踏层层浪花，身前身后围绕着代表吉祥如意的云纹，将周身的福气与祥兆带给整个宅院。

韦家大院大门入口处的通天门楼檐下的额枋木雕（图5-57），中心为一朵盛放的荷花，硕大的荷叶呈卷曲状，由荷花的根部向外伸展。下额枋两端各点缀一朵牡丹花，花头朝外，被层叠的枝叶簇拥，与卷草纹雀替相映成趣。

图5-57 韦家大院通天门楼的额枋木雕

图5—58 韦家大院内院通天门楼额枋之上的木雕

韦家大院内院门楼额枋之上的木雕（图5—58）与入口处通天门楼檐下的木雕有异曲同工之妙，更为特殊的是木雕两侧的“水波纹”角花。古人常用海水表达幸福美满，希望幸福能像海浪一般生生不息。该角花放于门头，寓意“福如东海长流水”。

除韦家院外，镖师院门楼的额枋雕饰（图5—59）也以花卉为要素，两朵宝相花两侧伸展出的花苞被枝叶层层包裹，花叶宽大肥厚，几乎垂至额枋上皮，左右施以牡丹花作为点缀。

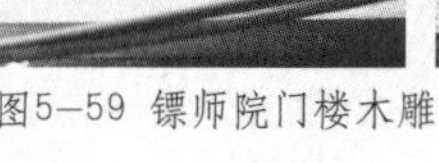

图5—59 镖师院门楼木雕

图5-60 武家书房院通天门楼

图5-61 武家书房院通天门楼木雕

图5-62 五虎庙的雕枋

武家书房院的门楼额枋（图5-60、图5-61）上精雕细镂了五朵盛开的牡丹花花头，寓意“花开富贵”，花丛中伫立着一只白头翁，白头翁回望花间，寓意“富贵白头”；雀替部分为豹子寻觅于牡丹花丛，豹子谐音为“报”，表现报春争春的热闹景象。垂柱的正面图案为丹凤朝阳，侧面饰有凤尾如意卷草纹。

大周古村民居中的木雕精雕细作，构思巧妙，题材广泛，寓意深刻。同时，大周村中还有不少的寺庙建筑，对于木雕的刻画另有一番深意，与民居不相上下，平分秋色。

五虎庙的额枋雕刻（图5-62）共有六组，对称而出，深雕手法使得图案极具立体感。额枋中段呈梯形，两侧各有一朵枝叶曼卷的牡丹，期间隐匿着白鹭，或欢跃，或回首，或低头，或嬉戏，栩栩如生。芙蓉花凭借婀娜身姿幻化做雀替，承托起上部的额枋。牡丹枝叶茂盛，白鹭姿态各异，共同烘托出五虎庙前热闹的景象。

举三庙的抬梁之下各有一龙纹木雕（图5-63），合为“二龙戏珠”，表现的是二龙穿

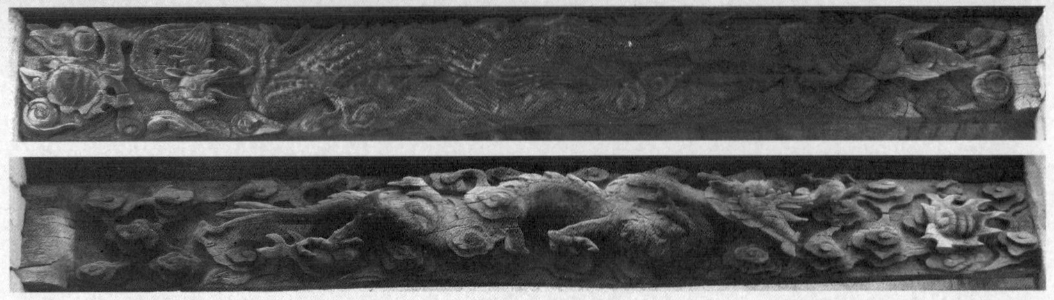

图5-63 举三庙木雕

梭于云海间的雕龙。龙是中华民族的象征，是万物之灵，《说文》在解释“龙”字时说：“龙，鳞虫之长。能幽能明，能细能巨，能短能长。春分而登天，秋分而潜渊。”在民间传说中，龙掌管着人间的雨水，遇到久旱无雨的年景，便要拜祭龙王以求降雨，其中“舞龙灯”就是场面最为壮观的民俗活动，“二龙戏珠”的装饰图案就是由“舞龙灯”渐渐演变而来。这件“二龙戏珠”木雕以高浮雕雕琢而成，龙头较小，身形健硕，身姿矫健，四肢腾跃，龙鳞清晰可见。龙周身围绕着的祥云刻画得较为抽象，与龙体前后穿插，疏密得宜，构图饱满。

2.屏门额枋木雕

武家主人院、夫人院、书房院均有屏门（图5-64、图5-65、图5-66），屏门上额枋及斗栱雕饰十分精致素雅，是身份与地位的象征。

图5-64 武家主人院屏门

图5-65 武家夫人院屏门

图5-66 武家书房院屏门

图5-67 武家主人院屏门额枋上的木雕

图5-68 武家主人院屏门斗栱

主人院的屏门额枋（图5-67）以象征大富大贵的牡丹花烘托出一派繁荣热闹的景象，花中有一匹寓意志在千里的骏马，暗示出主人不甘于一世的显赫，骏马回首也表达了希望富贵万代的美好愿望。

武家主人院屏门的檐口下为一对斗栱（图5-68），出挑两踩，瓜栱、万栱均施以如意卷草纹雕刻，栌斗正面以宝相花的正面花头与纤长的叶茎作装饰，华栱由花茎经透雕而成。可以看出，屏门檐下的斗栱除了承重的功能外，也具有美化和装饰门楼的作用。

图5-69 武家夫人院屏门木雕

图5-70 武家夫人院屏门上的柱头科斗拱

武家夫人院屏门额枋上正中有一平雕木雕（图5-69），用三朵富丽饱满的牡丹正面花头组成对称的图案，两端的斗拱（图5-70）以如意卷草纹和娟秀飘逸的兰叶作华拱，传达出在传统思想的教化下，女子温婉典雅、秀外慧中的性格特征。

3.垂莲柱木雕

垂莲柱是由传统建筑中一种特殊的结构——“悬梁吊柱”发展而来的，“悬梁吊柱”

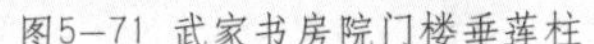

图5-71 武家书房院门楼垂莲柱

图5-72 武家主人院门楼垂莲柱

图5-73 武家夫人院门楼垂莲柱

实际上是柱的上部左右两端被横梁穿过，因而柱子的重量在梁的支撑下被均衡地分解，所以柱子并不受力。“悬梁吊柱”起初只用在佛教建筑中，后来演变为垂莲柱的形式，广泛运用在民居的大门或挑檐装饰中。大周村的垂莲柱形式非常简洁，一般为麻叶梁头之下有一对倒悬的短柱，柱头向下，头部雕饰出莲瓣、串珠、花萼云或石榴头等形状，酷似含苞待放的花蕾，这种短柱被称为“垂莲柱”。

大周村的垂莲柱以武家大院最为精美。武家乃村中大户，其门楼的垂莲柱形式多变，令人叹为观止，多采用透雕与圆雕的方式，以莲花等为造型，其中包括仰莲、覆莲和缠枝莲等，寓意“福寿连绵”（图5-71、图5-72）。

武家夫人院（图5-73）的垂莲柱装饰尤为丰富繁杂，正面图案为丹凤朝阳，外侧以凤尾如意卷草纹装点。正面出挑的榫头化作兽首，使得柱头上下舒翼叠落，轻盈生动。枋头下部还有一组上下对称倒置的莲花座，仿佛是在柱的腰部收紧后又马上舒展开来，柱头为含苞待放的莲花，莲瓣片片重叠，雕琢饱满。

六、屋脊

远眺大周村，呈现出一幅青灰的陶瓦与黄绿的琉璃交织而成的和谐图画，特别突出的是精美的屋脊和各式的吻兽，将屋顶雕琢得古朴、大方。

1.脊兽

正脊两端的构件最初的作用是严密封固两坡瓦垅交汇处，以防雨水渗漏，后来渐渐演变为鸱吻等具有装饰色彩的构件。鸱吻是传说中一种类似鱼的动物，口阔嗓粗，平生好吞，形状像四脚蛇剪去了尾巴，喜好在险要处东张西望，也能喷浪降雨。考虑到木结构建筑防火性能较差，人们将鸱吻装饰在正脊的两端用来避火。同时，鸱吻张口咬住大梁，就象征着房屋的稳固。用这些幻想出来的神兽来装饰屋脊，取其特殊性情和神话色彩，作消灾祛厄或防火镇宅之用，满足人们的心理需求。

资圣寺五佛殿顶上的吻兽（图5—74）为黄琉璃精制而成，是兼有鱼、龙双尾的龙吻，吻身上附有小龙，小龙尾部伸向大吻头部，口微张，生动形象，吻身带有云朵，如同在云中翻腾，呈双龙腾跃之势，更增添了喷水降雨的气势。民间常认为鱼、龙本是同种灵物，都懂水性，鱼就是龙的前身。也许古人认为，这种结合了鱼、龙两种形象的吻兽威力更大。整个鸱吻造型华丽、色彩艳丽。正脊上还雕刻了龙的形态，整体好似两条龙相互衔尾，同时配以精美盛开的牡丹，使大殿显得更为高大雄浑。

图5—74 五佛殿正脊装饰

图5-75 资圣寺碑亭上的吻兽

资圣寺内碑亭脊上的吻兽（图5-75）为陶制，与常见的龙口吞脊的吻兽不同，它的头上有角，龙头高昂，望向远方，形象十分特别。

七间阁正脊上的琉璃吻兽（图5-76）两爪后蹬，吻口大张，目微闭，鬣毛高卷，向上竖起，虽已受到风雨侵蚀，但人们仍能遥想其曾经的精美。

有官职和地位的人家常在住宅屋顶上安放望兽，望兽的等级不如吻兽，其形象和吻兽朝内吞脊不同，望兽的兽头向外望去。另外，吻兽多见于大型公共建筑，如庙宇等，而望兽多见于民宅建筑。譬如许家大院正房的屋顶上

图5-76 七间阁正脊上的吻兽

就安置了带有卷草纹的望兽（图5-77）。与资圣寺等寺庙建筑不同，这些望兽都是闭着嘴的，闭嘴的望兽代表着富商、乡绅，朝廷不允许他们随便开口讲话。

图5-77 许家大院正房上的望兽

脊兽除正吻以外，还包括垂脊上的“垂兽”和垂脊、戗脊上的蹲兽——嘲风（图5-78）。他们的地位比正吻低，因此在造型上不及正吻，但在装饰性和丰富屋顶曲线上，以及人们的精神寄托等方面，作用和正吻一致。它们像是忠诚的卫士，保卫着人们的生存居所。

大周村最具代表性的是毗卢殿的垂脊端部的脊兽（图5-79），眼窝深陷，面容严肃，缎带自前足绕至后半身，头部向前伸出，四足腾空，脚下的朵朵云纹清晰可见。

图5-78 毗卢殿垂脊与戗脊

图5-79 毗卢殿垂脊脊兽

图5-81 七间阁下檐正脊

图5-80 观音阁正脊装饰

2.脊饰

脊饰属于砖雕，砖雕俗称“硬花活”，不仅蕴含生动璀璨的灵性，也折射着中华民族传统的建筑营造观念、道德伦理、价值取向和审美情趣。庙宇、殿堂等公共建筑的脊饰多为龙，等级较高。

观音阁为重檐歇山顶，无论是高高在上的正脊，还是等级略低一筹的围脊，甚至角脊，无处不集合了各式各样精美的龙脊饰。其中大多为云龙纹（图5-80），即龙头、龙尾和龙爪与云相结合，互为依托。龙口中呼出的气化为云，形成似云又似龙的“龙腾云海”，一派龙腾盛世、四海生平的景象，极具装饰性。

七间阁下檐正脊（图5-81）装饰为青龙，位于七间阁屋脊之上。青龙是龙的一种，被道教认为是二十八星宿中东方七宿[1]的总称。鉴于七间阁位于大周村正西方位，将青龙施于脊上，能够辟邪除灾，为全村带来吉祥。其实细看之下，不难发现青龙图案中间有草龙纹。草龙纹也是龙是表现形式之一，头部是龙的形象，身体和尾、爪都由卷草变化而成，所以也叫“卷草缠枝龙”。整个七间阁下檐正脊的纹形层次分明、造型美观、富有动感。

1 东方七宿——角、亢、氐、房、心、尾、箕，而这七宿的形状又极似龙形，角是龙的角，亢是颈项，氐是本，是颈根，房是膀，是胁，心是心脏，尾是尾，箕是尾末，合称青龙。

图5-82 七间阁围脊

图5-83 资圣寺正脊上的腰花

人们认为传统建筑屋脊上的装饰能够辟邪消灾，特别是在寺庙建筑中，屋脊上的龙大多将龙牙露出，起到威吓邪魔的作用，如七间阁下檐侧方正脊上的这例（图5-82），龙口大张，龙牙显露无遗。

正脊的正中称为“腰花”，通常是整个正脊脊饰的中心，资圣寺山门正脊的腰花（图

图5-84 武家主人院照壁上的牡丹脊花

图5-85 武家书房院通天门楼上的牡丹脊花

5-83）由青色琉璃拼成对称的龙头图案，以黄色琉璃勾勒嘴唇与耳目轮廓。

民居中的脊饰多为脊花，即各种浮凸的花饰纹图，大周村的屋脊脊花多以陶制花卉为主。武家大院主人院照壁的脊花（图5-84）图案为牡丹纹样，层次分明，牡丹花瓣中抱着花蕊，花叶与花蕾在弯曲的花茎衬托下，给人以轻巧、飘逸的感觉，花瓣与花蕾、叶两边

图5-86 武家夫人院通天门楼上的牡丹脊花

图5-87 资圣寺五佛殿垂脊上的牡丹脊花

对称，突出牡丹花花瓣层叠的华丽。花饰制作工艺细致、精美，线条流畅。

武家书房院通天门楼的正脊（图5-85）被牡丹花和叶覆盖，层层花瓣像一道道海浪，凸出的望兽似勇士般锐不可当，点缀在牡丹花叶与卷草构织的美景中，宛如美丽的空中园林。令人称奇的是，虽其中的牡丹花瓣非常之薄，却能够历经百年的风雨洗刷而丝毫未损，挺立至今。此外，在武家夫人院通天门楼的正脊（图5-86）与资圣寺五佛殿垂脊（图5-87）上也有精美的牡丹脊花。

除了牡丹外，大周村内还有宝相花（图5-88）、莲花（图5-89）、海浪（图5-90）等脊花装饰。

图5-88 七间阁垂脊上的缠枝宝相花脊花

图5-89 武家祠堂院影壁上的莲花脊花

图5-90 武家书房院的海浪脊花

七、墀头

墀头是房屋山墙两端檐柱以外的突出部分，整个墀头自上而下由戗檐板、盘头构成，其中戗檐板部分承接山墙，常常是墀头装饰的重点。戗檐板可分为三段：上端搭接屋檐下的连檐木，下端一般用砖叠涩，在挑出的砖面上常雕缀缠枝花叶或几何纹样的带状花饰，中部则用牡丹或绶带等作团花装饰。盘头向下延伸，装饰领域扩大，有的加置一层须弥座，座上施以精美雕刻，有的在须弥座上雕出亭台楼阁，中间浮雕以动物或饰品。盘头在整个建筑中仅占很小的一部分，经过瑞兽、花鸟、鸟兽和器物等吉祥图案的细细装扮后，给房屋的立面造型添加了丰富的层次，还反映出房屋的等级和主人的地位。

许家大院正房墀头（图5-91）上的楼阁中有一枚大大的铜钱，将富饶的氛围烘托至极。须弥座的上枋和下枋分别雕着雷纹与回纹，须弥座则饰以象征吉祥的菱花和云纹，古人常把云和神仙联系在一起，故有“祥云”之说，表示喜庆祥和，连续的雷纹和回纹还有吉祥长久、富贵连绵的意思。墀头整体造型奢华又不失大户风范，与村中的建筑风格一脉相承。

图5-91 许家大院正房墀头

大周村墀头装饰中还有以文字符号为主的图案，像“福”、“禄”、“寿”都象征美好，为人们所喜爱，特别是“寿”和“卐”字纹，在装饰中也较为常见。如琚家大院正房的墀头（图5-92）就把“寿”字与须弥座的圭脚相结合，承托其上的束腰部分，代表着“万事寿为重”。

韦家门楼之上的墀头（图5－93），“寿”字被须弥座的如意线脚包裹，平雕的海棠花以立柱为边框，寓意福寿绵长。白家大院的墀头（图5－94）中，“寿”字更是顽皮，躲在须弥座上凹陷的山墙之内，若隐若现，有藏福纳寿之意。

韦家大院正房的墀头砖雕（图5－95）由蝙蝠、团寿、盘长和祥云团共同表达延年益寿的主题，雕工十分精美。团花呈花篮状，其内施以牡丹、太平花等花草图样，富贵华丽，寓意吉祥。戗檐的外侧突出的连檐木刻有万事如意、凤凰展翅以及富贵牡丹等吉祥图案。

马用在墀头装饰上亦是祥瑞的象征。在武家大院的墀头（图5－96）中雕有一只英姿勃发的马，前蹄凌空，生动形象。墀头还雕有祥云与波浪，是传统的“海马流云”造型，表现出天马行空、志在千里的气势，寓意事业蒸蒸日上。马采用平雕手法，造型简括凝练，线条干净流畅。

图5－92 据家大院正房墀头

图5－93 韦家大院门楼上的墀头 5－94 白家大院戗檐

图5－95 韦家大院正房墀头

图5－96 武家大院墀头

图5-97 角门

图5-98 段家大院角门砖雕

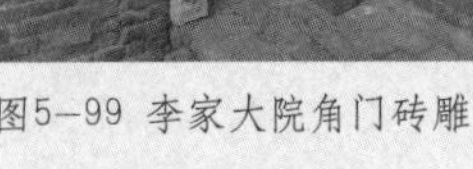

图5-99 李家大院角门砖雕

八、院落角门砖雕

角门位于正房两端、平行于正房山墙而垂直于厢房山墙的位置。明清时期，家中未出阁的小姐往往被束于“高阁”之上，于是角门便成为封建礼教中一道不可逾越的心理“屏障”。大周村的民居十分重视角门，仿佛是院落之中的第二道门面，常常饰以精致的装饰（图5-97）。

院落的角门正上方常常有石斗栱，这在大周村颇为常见，在刘家大花园、李家大院、武家祠堂院、焦家大院、段家大院等院落中的角门之上，都有石斗栱，形式以并排两个五踩斗栱居多，并在两斗栱之间辅以麒麟、仙鹤等装饰。比如段家大院角门（图5-98）的两组斗栱之间雕刻着一只昂首的麒麟，形象较为抽象。

李家大院甚至将缩小的垂莲柱雕于院内角门之上（图5-99），尺度不大，但称得上“麻雀虽小，五脏俱全”，连柱头倒置的莲花花苞和额枋下的雀替都十分清晰地表现出来，并用如意吉祥云饰纹勾勒出插枋及梁头的线脚，华丽悦目。

刘家花园是村中另一大户刘家的小姐出阁前的居所，其角门（图5-100）的装饰（图5-101）令人称奇。位于斗栱下方高度仅为10厘米的长方形“画框”中密集地镂雕了菊花、荷花等花卉，周围以卷草纹填补了余隙，体现出秀外慧中的闺阁意境。

刘家大院的门楼（图5-102）与别家不同，是村中仅存的一例石门楼，形制虽与角门类同，但其浮雕工艺堪称绝美，纹饰繁缛绮丽，丰富饱满，将大周村精湛的石雕工艺展示得淋漓尽致。

图5-100 刘家花园角门

图5-102 刘家大院石门楼

图5-101 刘家花园角门装饰细部

九、铺首与护门铁

传统民居中的大门可以反映出院落主人的身份和地位，以彰显“门深第贵”，门饰无疑是作为重点装饰的部分。门饰的起源可以追溯到夏代。南朝宋范晔撰的《后汉书·礼仪志》中提到“仲夏之月，万物方盛。……夏后氏金行，作苇茭，言气交也”。就是说，仲夏五月，万物茂盛。夏代部落首领自认为五行中靠金德行运，故制作芦苇编的绳索挂于门上，防止邪气入户，使阴阳畅通。“苇茭”便是已知最早的门饰品，铺首的前身。铺首后起到叩门开门的作用，因为高度与人的视线平齐，容易集中人们的注意力，故成为装饰的重点。凭铺首和门环的华丽程度，便可让走在圪洞中的人们对宅院主人的经济、社会地位有一个初步的印象。

大周村的铺首总体而言较为朴素，材料多为铁制，内容多为各种吉祥图案，多以纳福祈寿为主题。从铺首的形式来说，大部分铺首是在圆形基础上做进一步装饰，或边缘饰以纹样，或在其中雕琢图案，组合成丰富多彩的铺首形式。譬如这种“福禄”铺首（图5-103）在村中十分具有代表性，匠人巧妙地将八只的蝙蝠的双翼半包围着圆形的铜钱，蝙蝠与“福”同音，铜钱象征财富，组成一幅完整的图案，寓意“福禄”圆满。

在中国的传统习俗中，金钱不仅是“财富”的象征，还可用于“避邪”，很多民居的铺首以古钱币图案作为装饰元素，表达对平安和财富的向往。如圪当巷程家大院的这处圆形铺首（图5-104）的边缘环绕着八枚铜钱，周边饰以如意纹，整体构图轻巧活泼，寓意“财禄亨通”。

韦家大院的这处铺首（图5-105）为圆形，上刻四个“寿”字饰以简单的如意边，构图活泼，表达“富贵有余”的美好愿望。

图5-103 典型的“福禄”铺首

5-104 程家大院大门铺首

图5-105 韦家大院铺首

铺首是安置门环的底座，但多数大周民居的铺首上除了安置门环，还往往安装门锁。于是有些居民在铺首的一侧安装铁饰以防止开关门闩时刮坏门扇，后来铁饰的装饰作用渐强，不少大门在铺首的两边都安置有铁饰，如程家大院大门、白家大院大门、韦家大院大门等。铁饰与铺首在内容和构图上相互呼应，成为有机的整体（图5–106～图5–109）。

韦家大院的铺首两侧各有一块“寿” 字铁饰（图5–110），寄托了主人对生活顺心如意、健康长寿的殷切期盼，称为“长寿如意”。

除了多种多样的铺首装饰外，大周村的门饰中值得一提的还有护门铁。护门铁位于门扇上部或下部，多以铜铁等金属为原料，有美化、保护木门扇的作用，护门铁的组合形式与纹饰非常丰富。比如李家大院大门底部的护门铁（图5–111），中上部为对称的幼鹿，

图5–106 寿字铁饰

图5–107 宰相铁饰

图5–108 莲花铁饰

图5–109 梅花鹿铁饰

图5–110 韦家大院铺首与带有“寿”字的铁饰

图5-111 李家大院护门铁

图5-112 镖师院护门铁

图5-113 白家大院护门铁

图5-114 程家大院护门铁

图5-115 镖师院入口大门上的护门铁

下部周边以四个“卐”字纹装点。这种组合形式的护门铁具有一定的代表性，如镖师院（图5-112）、白家大院（图5-113）、程家大院（图5-114）的护门铁形式都与其十分类似。

镖师院入口大门上的护门铁饰如意边（图5-115），上部正中有两个“卐”字纹，下部两侧有镂空阳刻的圆形“寿”字图案，据院落的主人说，这个寿字的特殊之处在于倾斜少许角度，与蜘蛛的形象极为相似。蜘蛛在古代被称做“喜母”，有“早报喜、晚报财”的说法。铺首上的“卍”字与“寿”字装饰相呼应，寓意吉祥、长寿。

十、其他雕饰

随着历史的变迁和文化大革命的浩劫，村中很多石雕和砖雕已不在原位，但被村民们视为珍宝，从而得以留存，使我们感受到大周村另一个意趣横生的侧面。

马蹄圪洞院落中有一双狮石雕（图5-116），属高浮雕，推测原来应为门枕石，大狮子神态安详，脚踩绣球，镇宅驱邪，小狮子憨态可掬，灵气十足。由大狮子和小狮子组合成“少师太师”，寓意飞黄腾达，官运亨通，代代相传。

这一对由须弥座承托的麒麟石雕（图5-117）高约20厘米，应为屋顶镇兽。两只均为幼年麒麟，麒麟角尚不明显，颈上系着的铃铛和身上所披的服饰都经过了一番装饰。他们夸张的神态和个性化的表情惹人喜爱，一只表情狰狞，勇猛暴躁的性格表露无遗，另一只则抬头瞪着圆圆的眼睛，两腮微鼓，憨态十足。两只麒麟的雕刻非常细腻，细小到眼眉、绒毛都能悉数数来，弥足珍贵。

这两个木制北魏兵俑坐像（图5-118）是郭翻将军的陪葬品，从发现至今一直放在资圣寺的毗卢殿内保存。两座兵俑身披铠甲，体态英武伟岸，表情安详却严肃，双手分开放在双膝之上。其中一个右肩前倾，左脚微微上翘，颇具大将风采。

资圣寺的毗卢殿为供奉佛祖的庙宇，这两块石雕（图5-119）是在残存的须弥座上发现并保留下来的，均为对称的花卉与鸟类的浅浮雕组合图案。荷花花瓣层叠象征着福泽连绵，荷花左右有一对戏水的鸳鸯，古人有“鸳鸯戏荷”之说，寓意夫妻和睦，家庭美满；此外，另一块石雕上华贵的牡丹亦是结合了线雕与浅浮雕的手法，叶茎纤长舒展，承托着花朵，周围被云纹勾勒出别致的轮廓。听闻村里人说资圣寺在旧时香火极旺，前来求子求福的村民们络绎不绝，仅从这精美的石雕就能想像出资圣寺当年的胜景。

暧暧烟暮，村人语稀。大周村走过了繁荣兴盛，积淀了很多珍贵的历史财富与深厚的文化内涵。石雕的古拙，木雕的精美以及村中质朴善良的民风，共同孕育了这个古老村落独特的艺术魅力。

图5-116 双狮滚绣球石雕

图5-117 麒麟镇兽

图5-118 北魏兵

图5-119 五佛殿砖雕

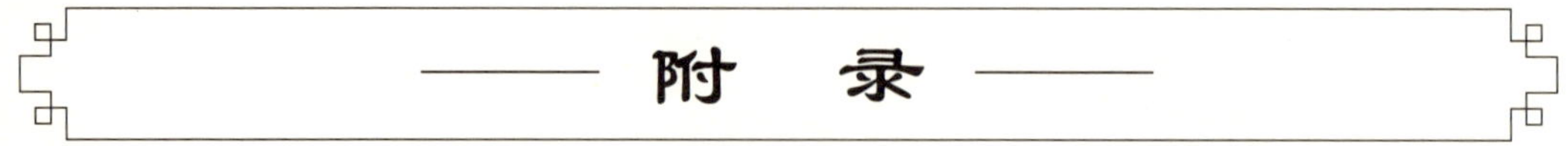

附　录

附录1　历史建筑测绘图选录

上
耳房
+0.400
正房
+0.480
耳房
耳房
耳房
+0.360
厢房
±0.000
厢房
+0.150
+0.120
主入口
耳房
N
倒座
耳房
0
2.5
5
10m

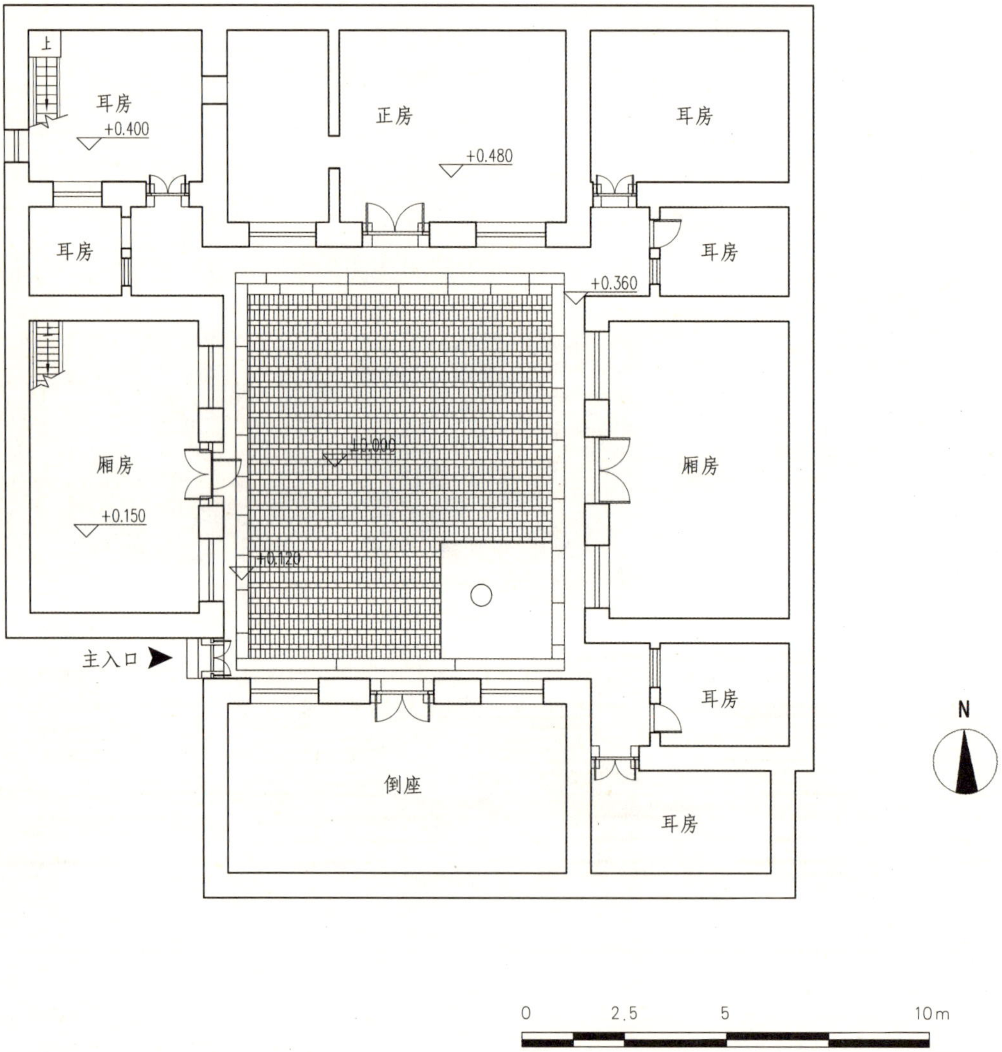

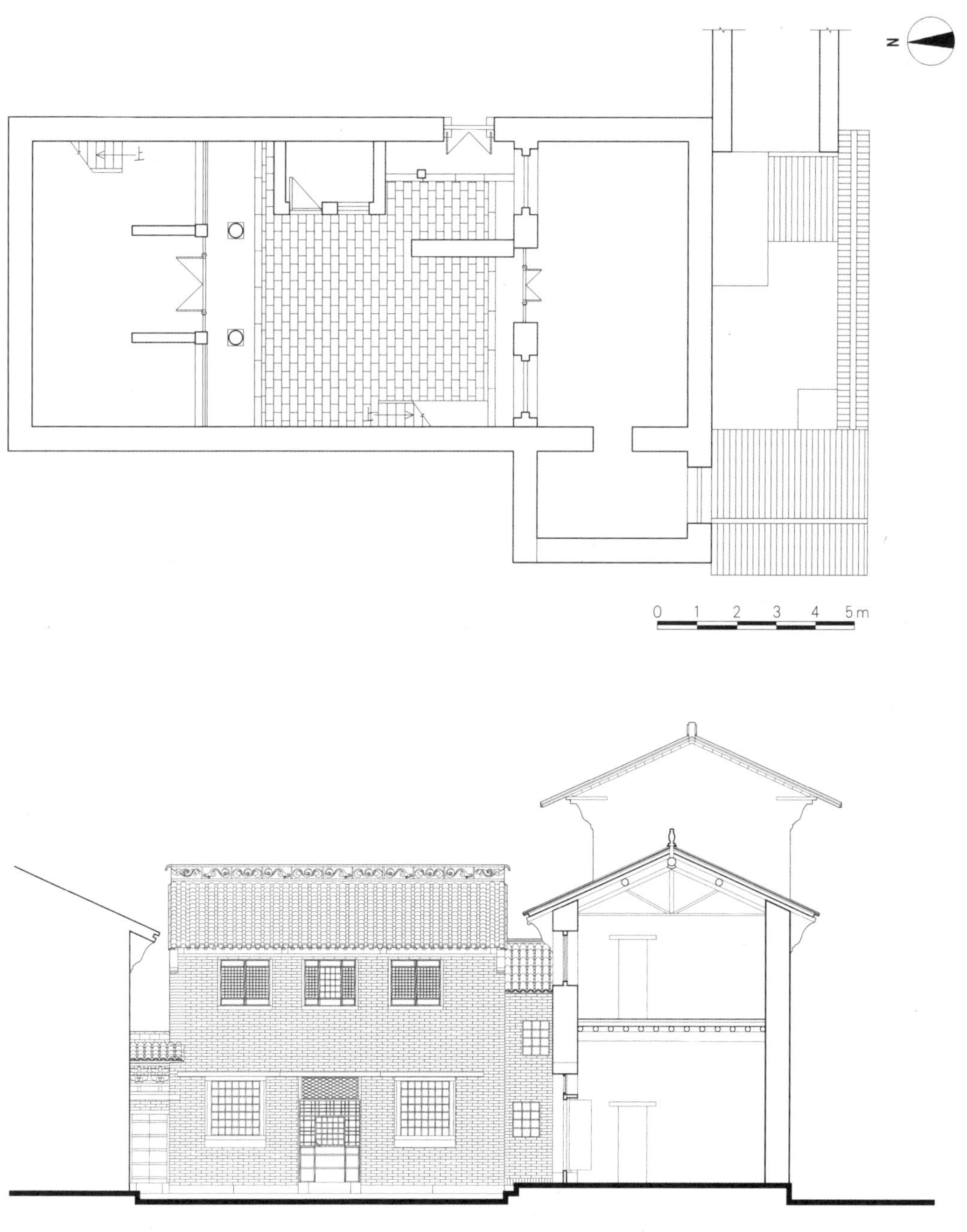

附录

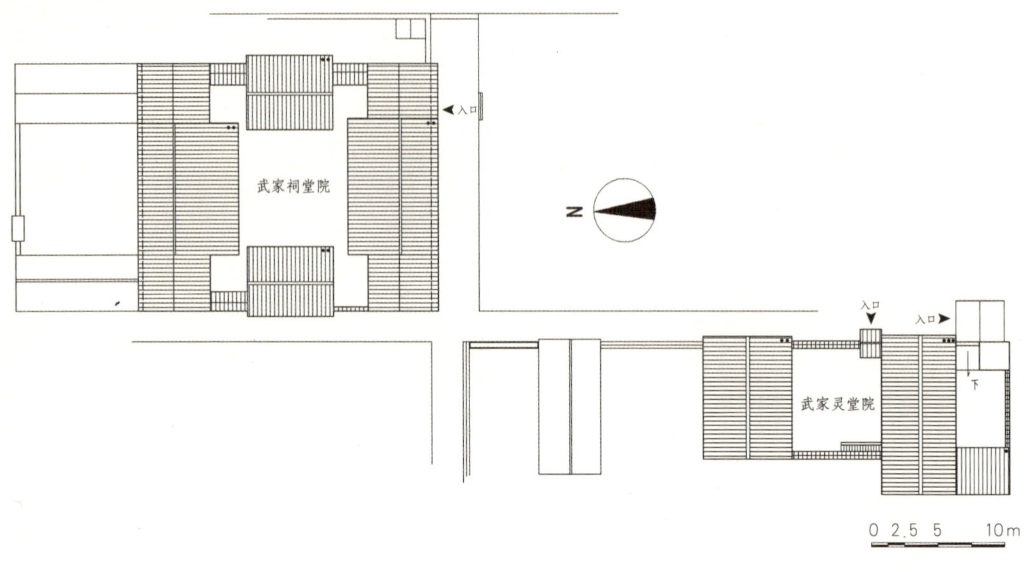
武家祠堂院
入口
N
入口
入口
下
武家灵堂院
0 2.5 5 10m

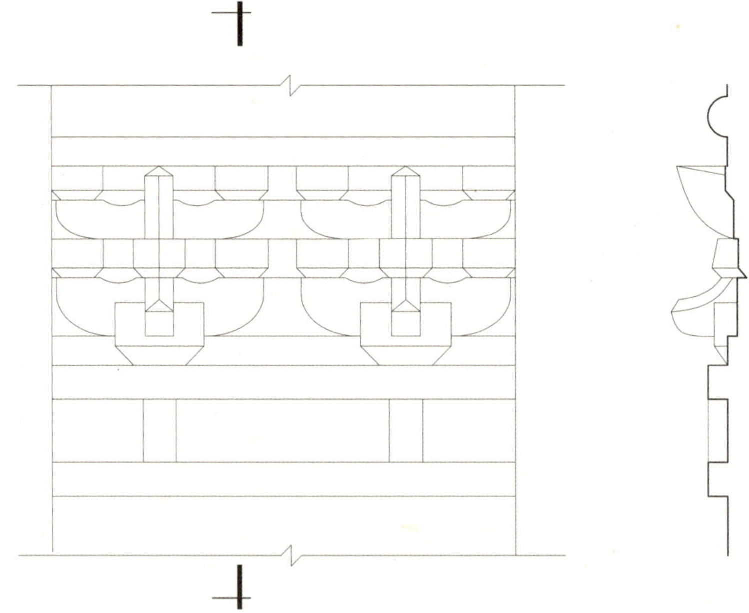

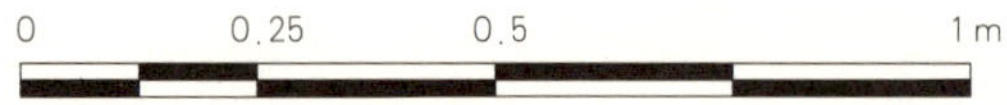
0 0.25 0.5 1m

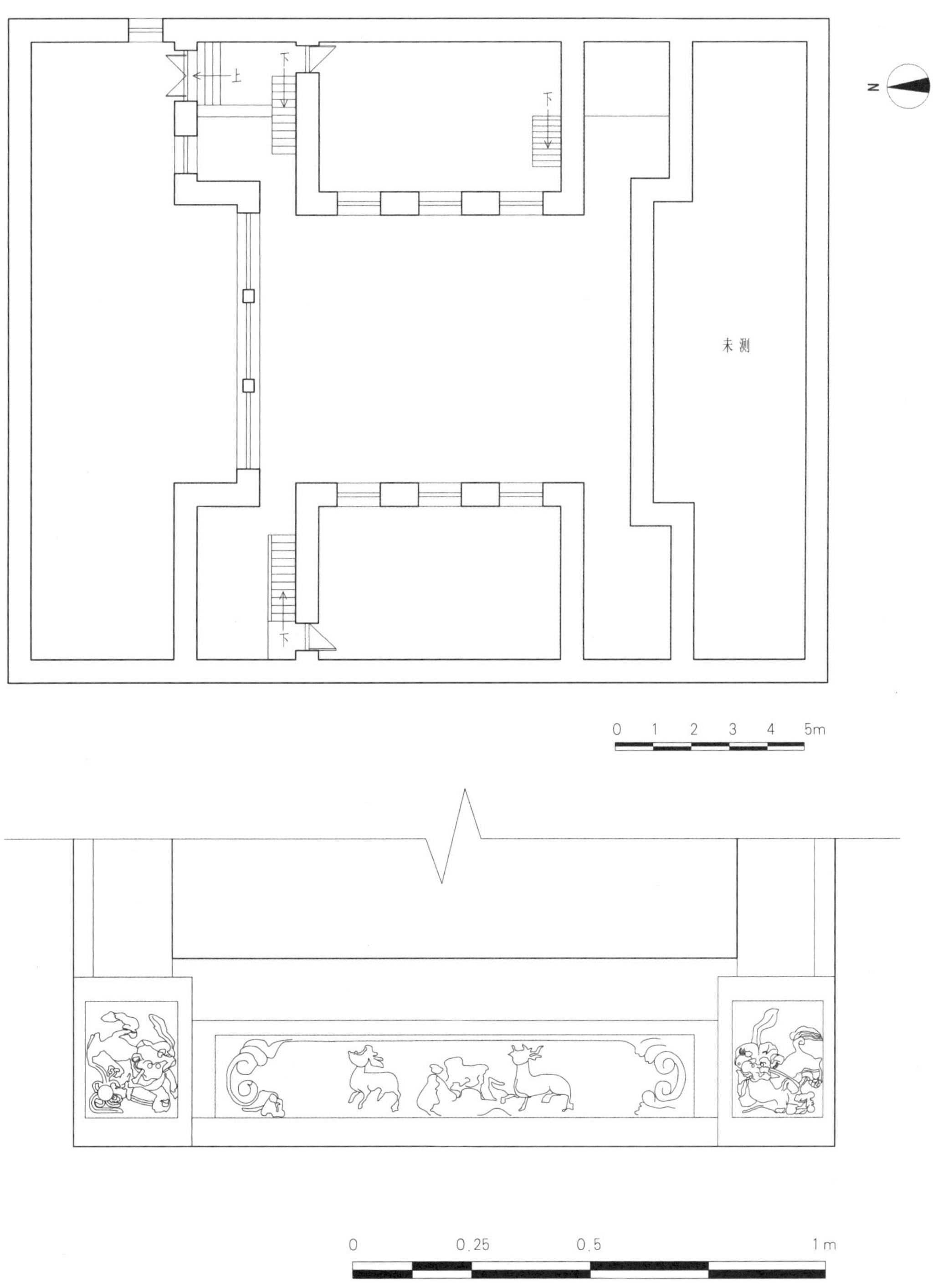
下
上
下
下
未测
N
0 1 2 3 4 5m
0 0.25 0.5 1m

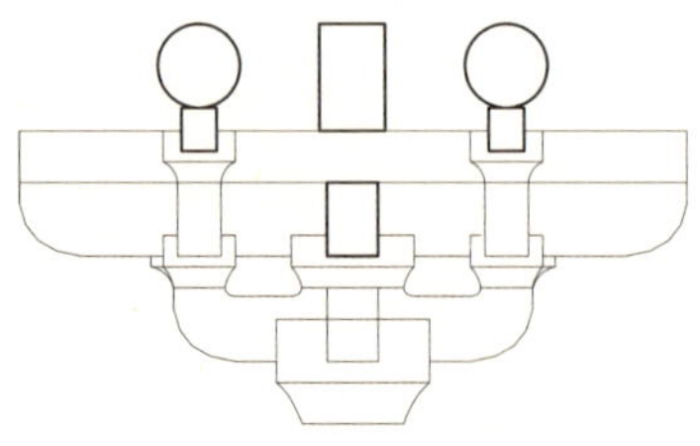

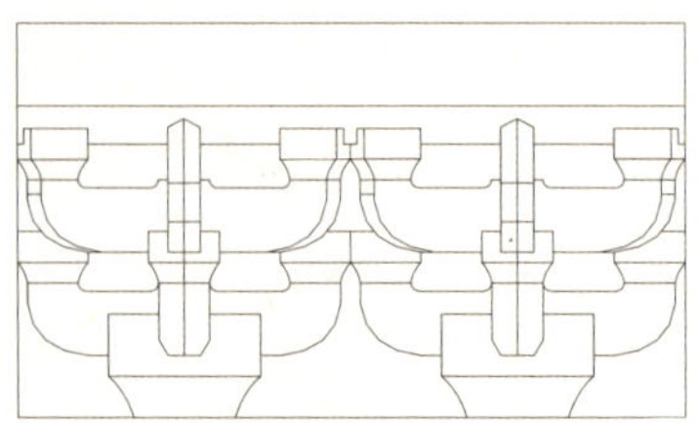

0
0.5
1m

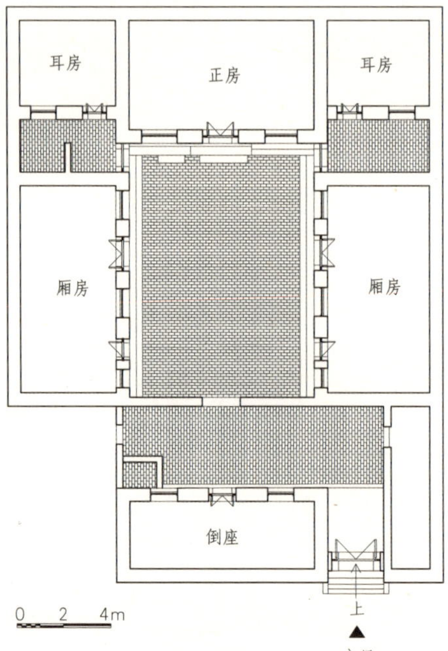
N
耳房
正房
耳房
厢房
厢房
倒座
上
入口
0 2 4m

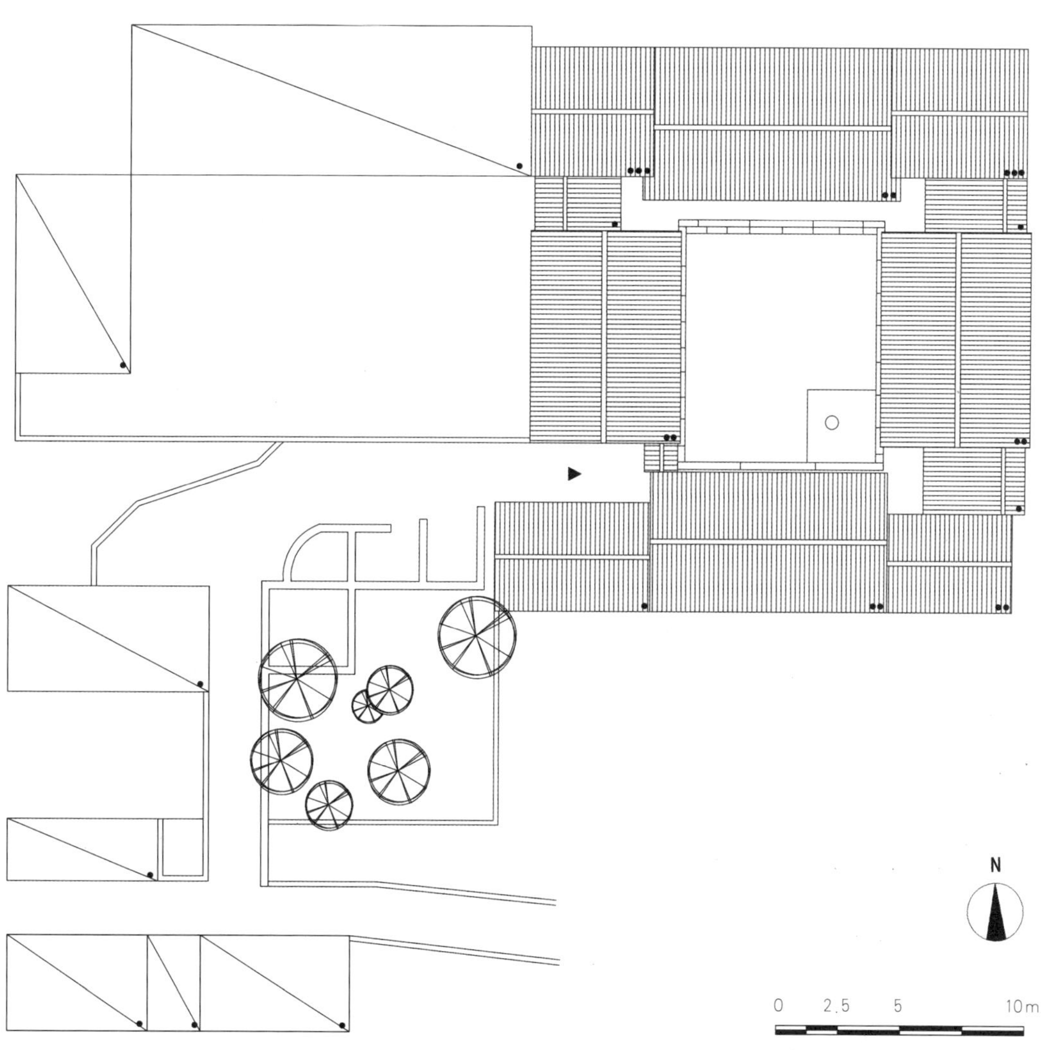
N
0
2.5
5
10m

焦府老宅瓦当立面图

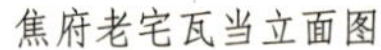

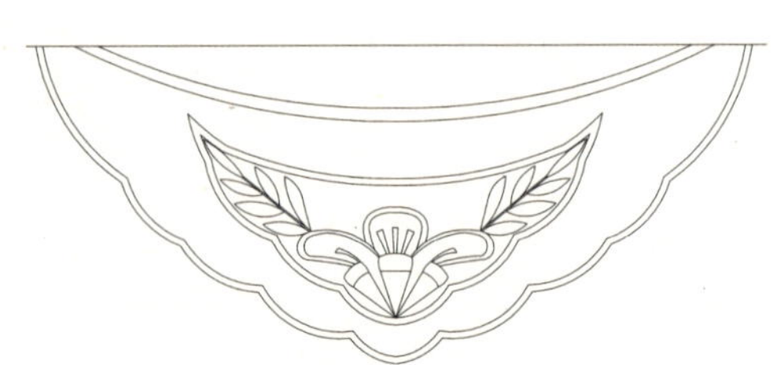

焦府老宅滴水立面图

0 0.1 0.2m

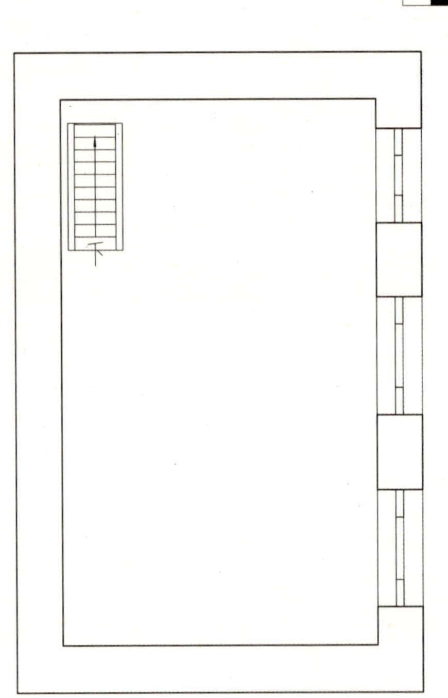

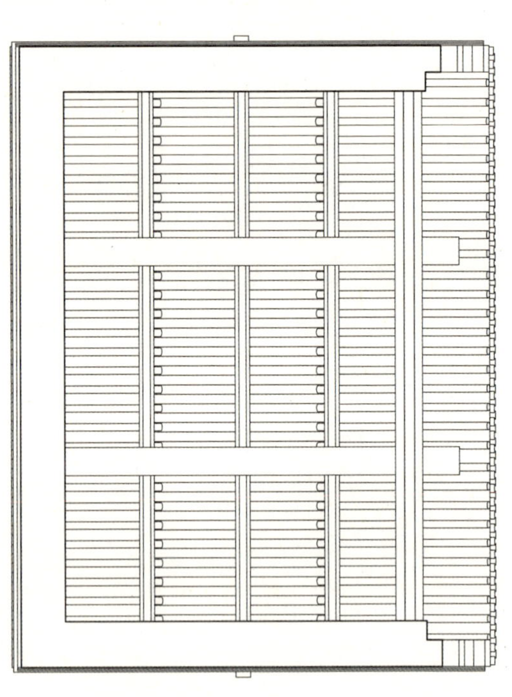

0 2.5 5m

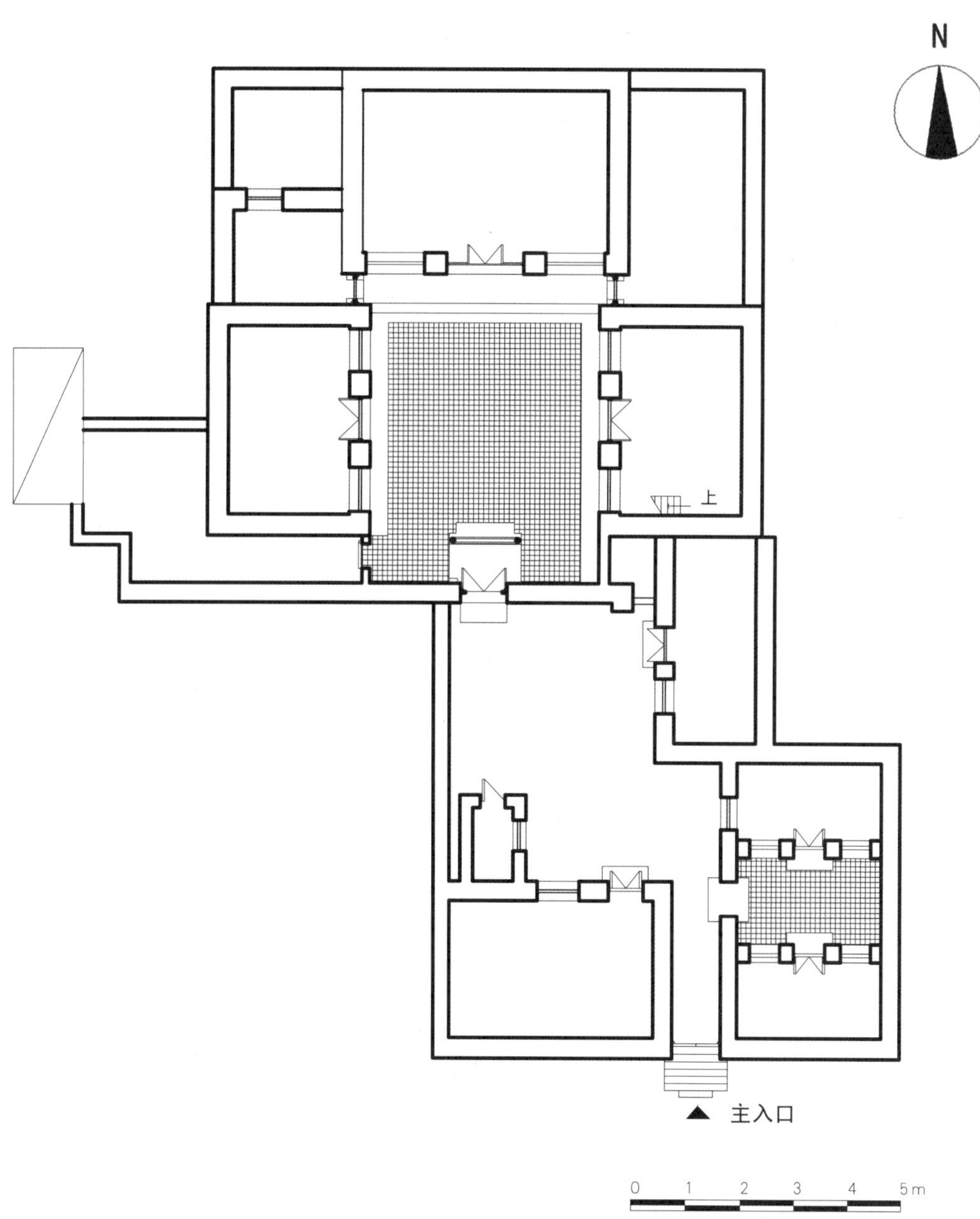
N
上
主入口
0
1
2
3
4
5m

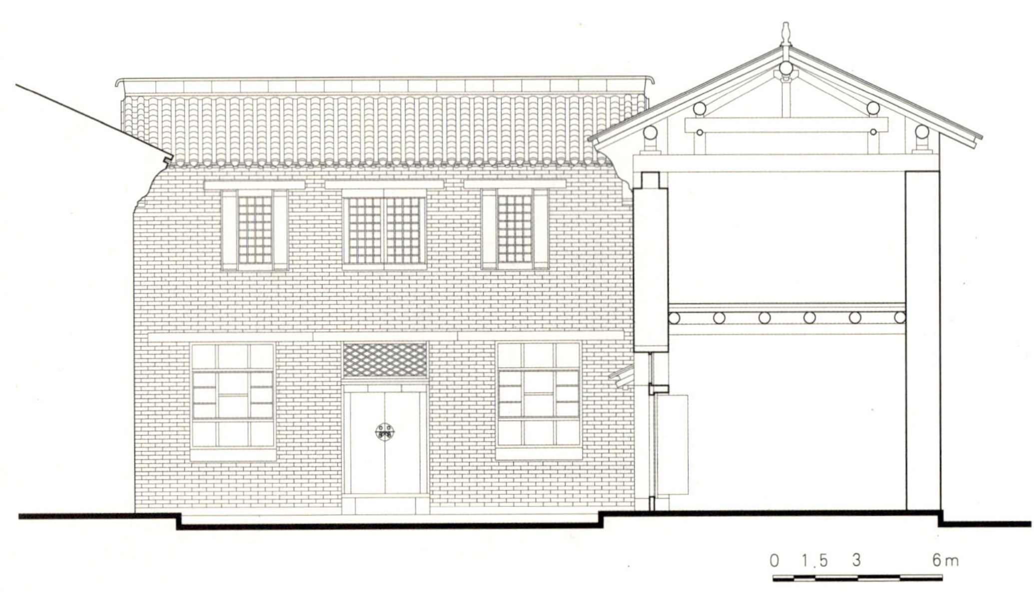
0 1.5 3 6m

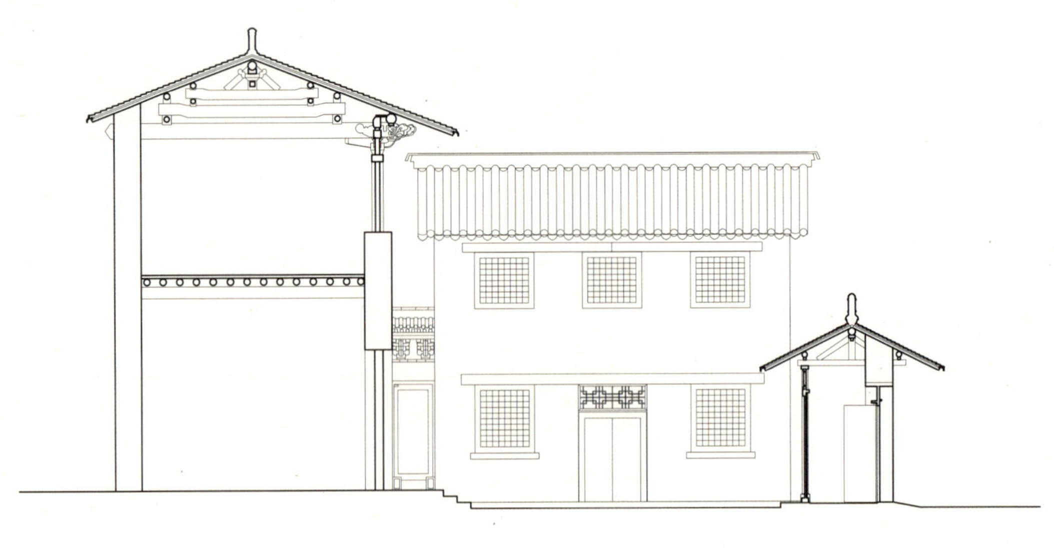
0 1 2 3 4 5m

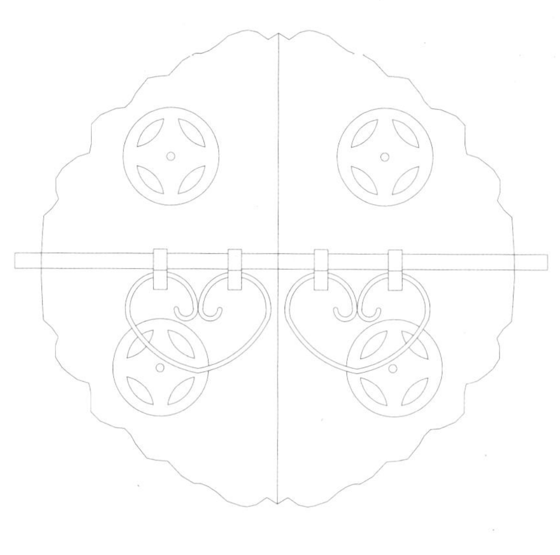

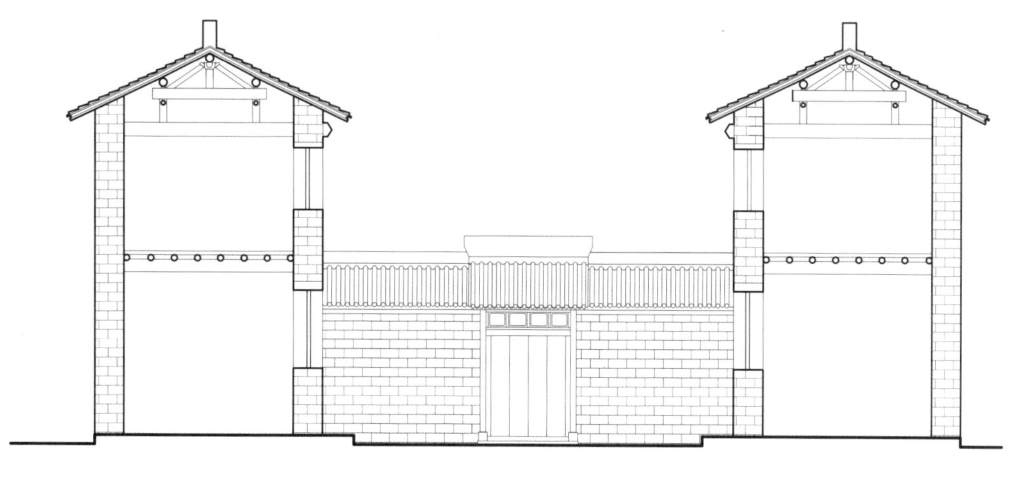

0 1 2 3 4 5m

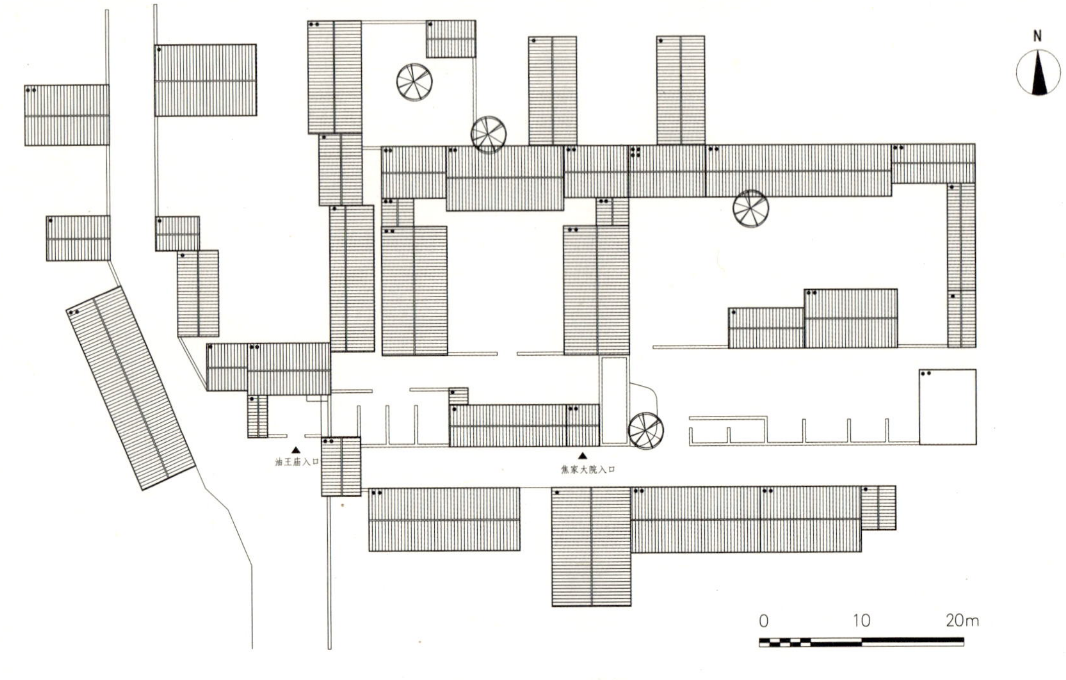

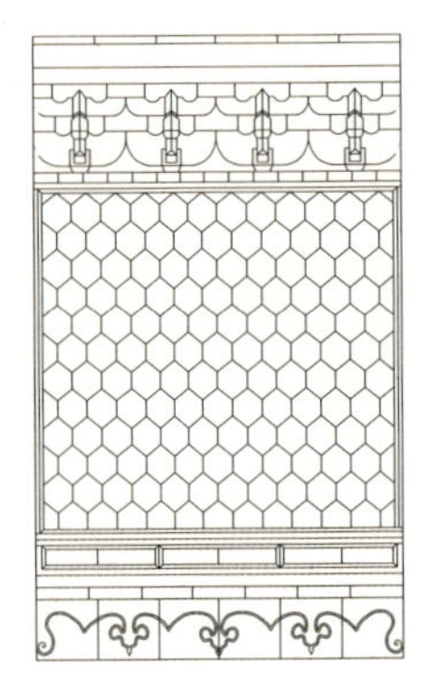

焦府老宅照壁立面图

焦府老宅厢房大门立面图

焦府老宅角门斗栱立面、剖面图

焦府老宅正房窗立面图

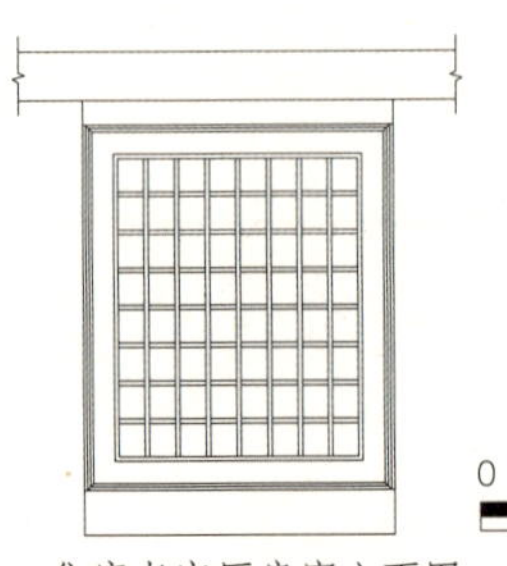

焦府老宅厢房窗立面图

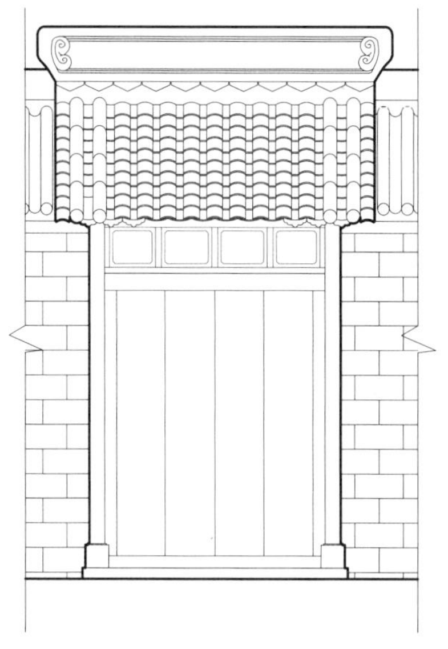

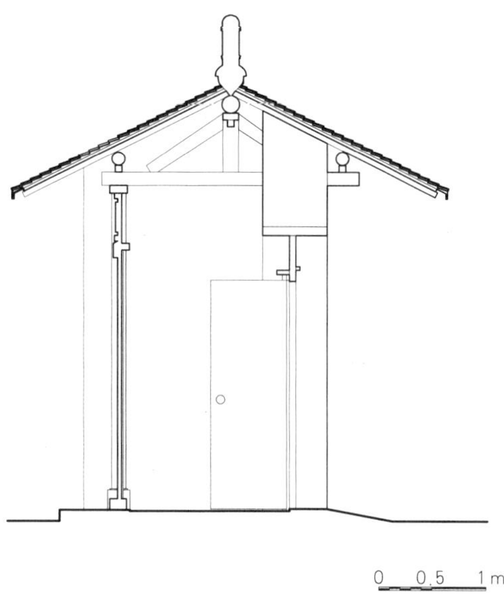
0 0.5 1m

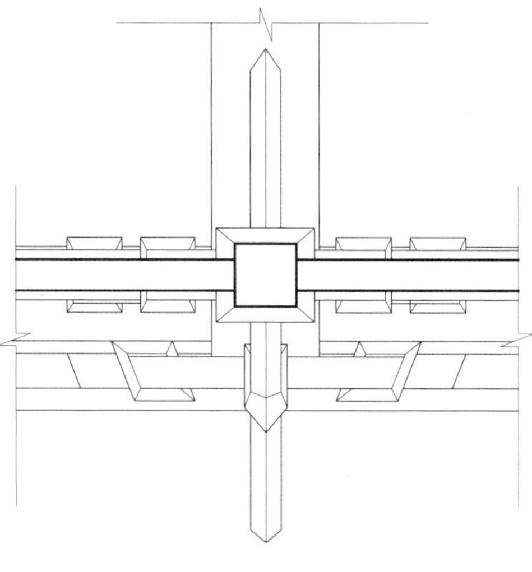

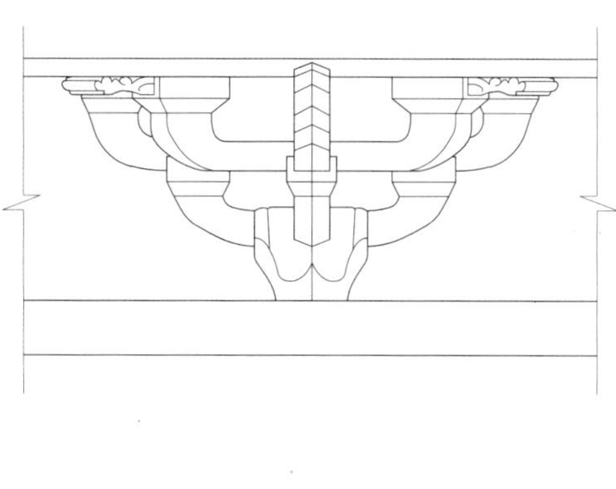

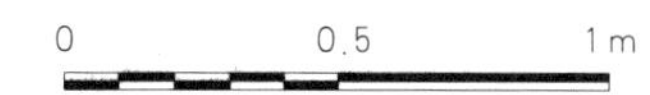
0 0.5 1m

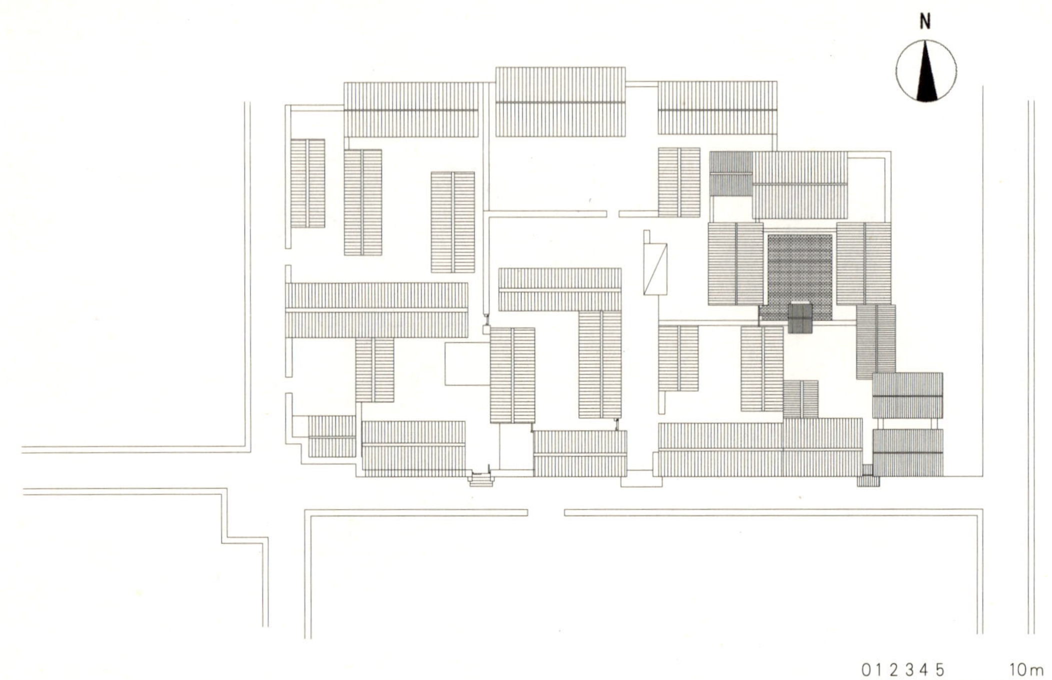
N
0 1 2 3 4 5 10m

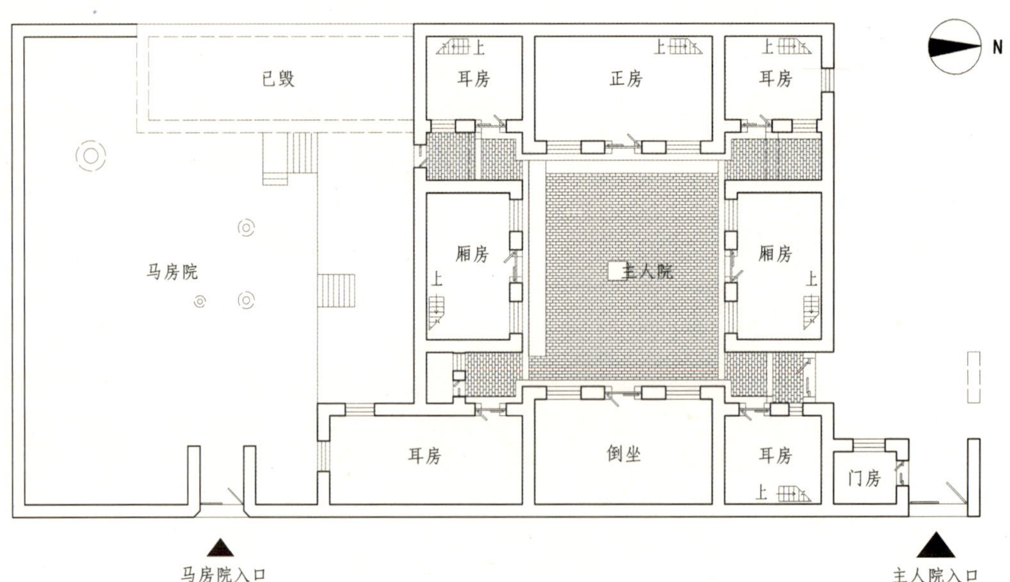
N
已毁
耳房
正房
耳房
厢房
主人院
厢房
马房院
耳房
倒坐
耳房
门房
上
马房院入口
主人院入口
0 1 2 3 4 5 10m

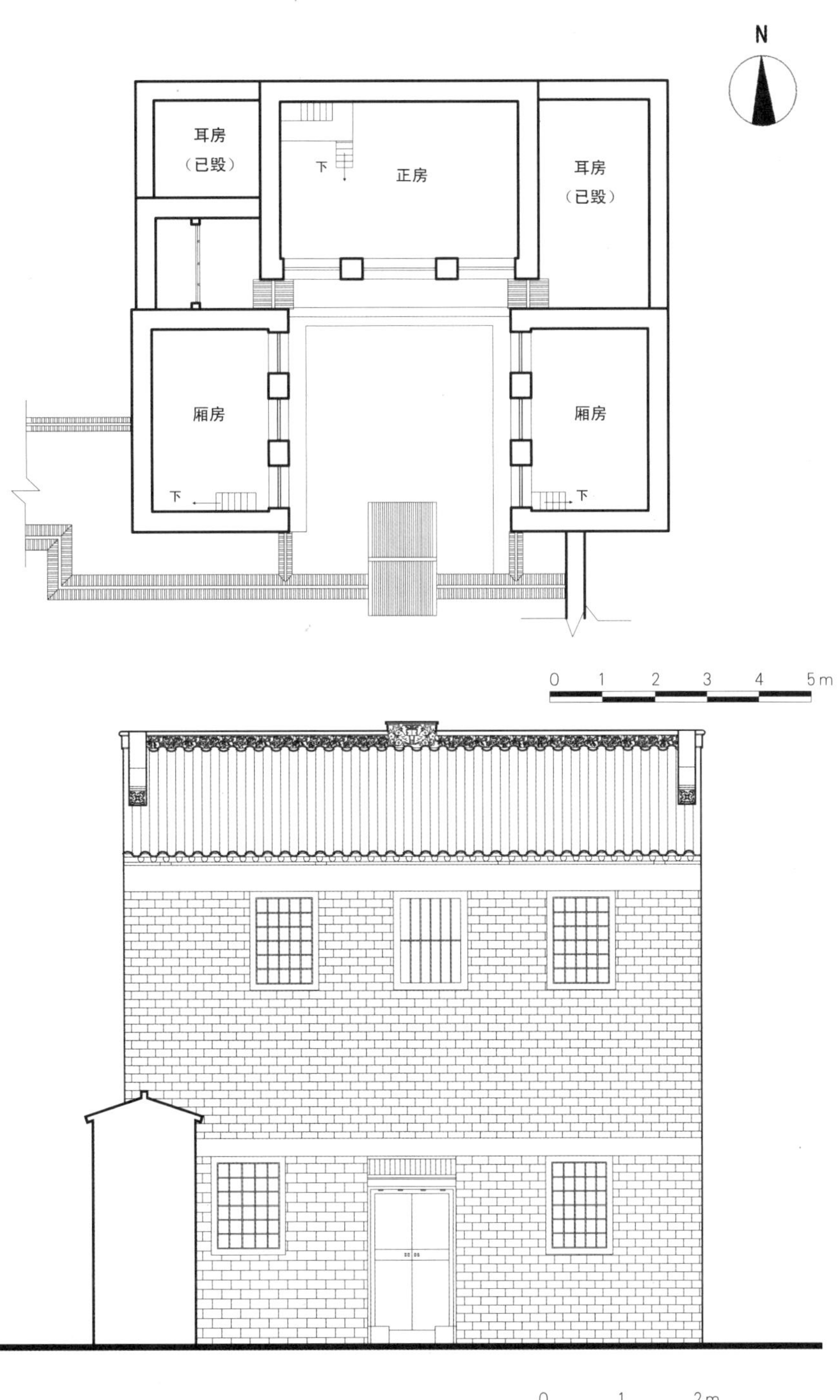

附录

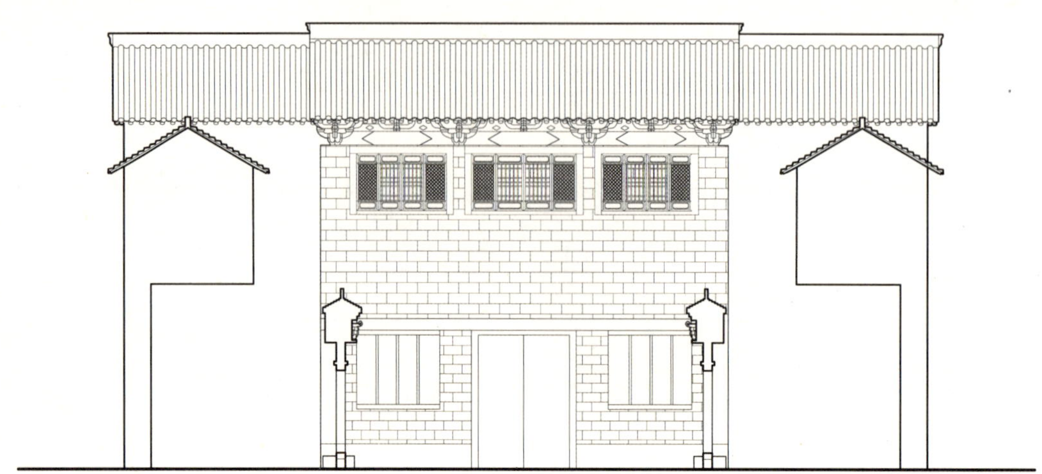

0 1 2 3 4 5 10m

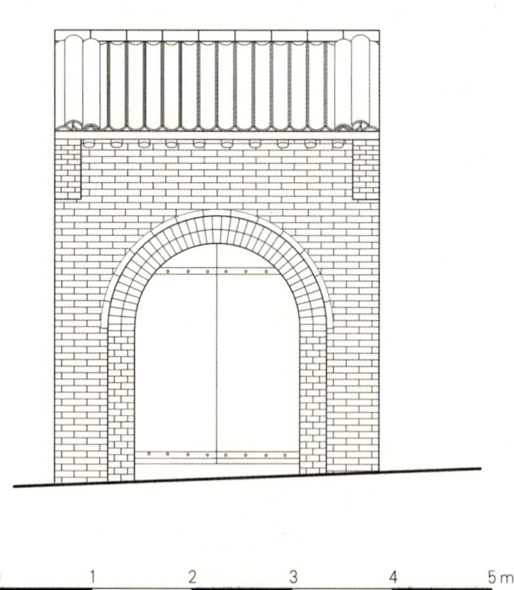

0 1 2 3 4 5m

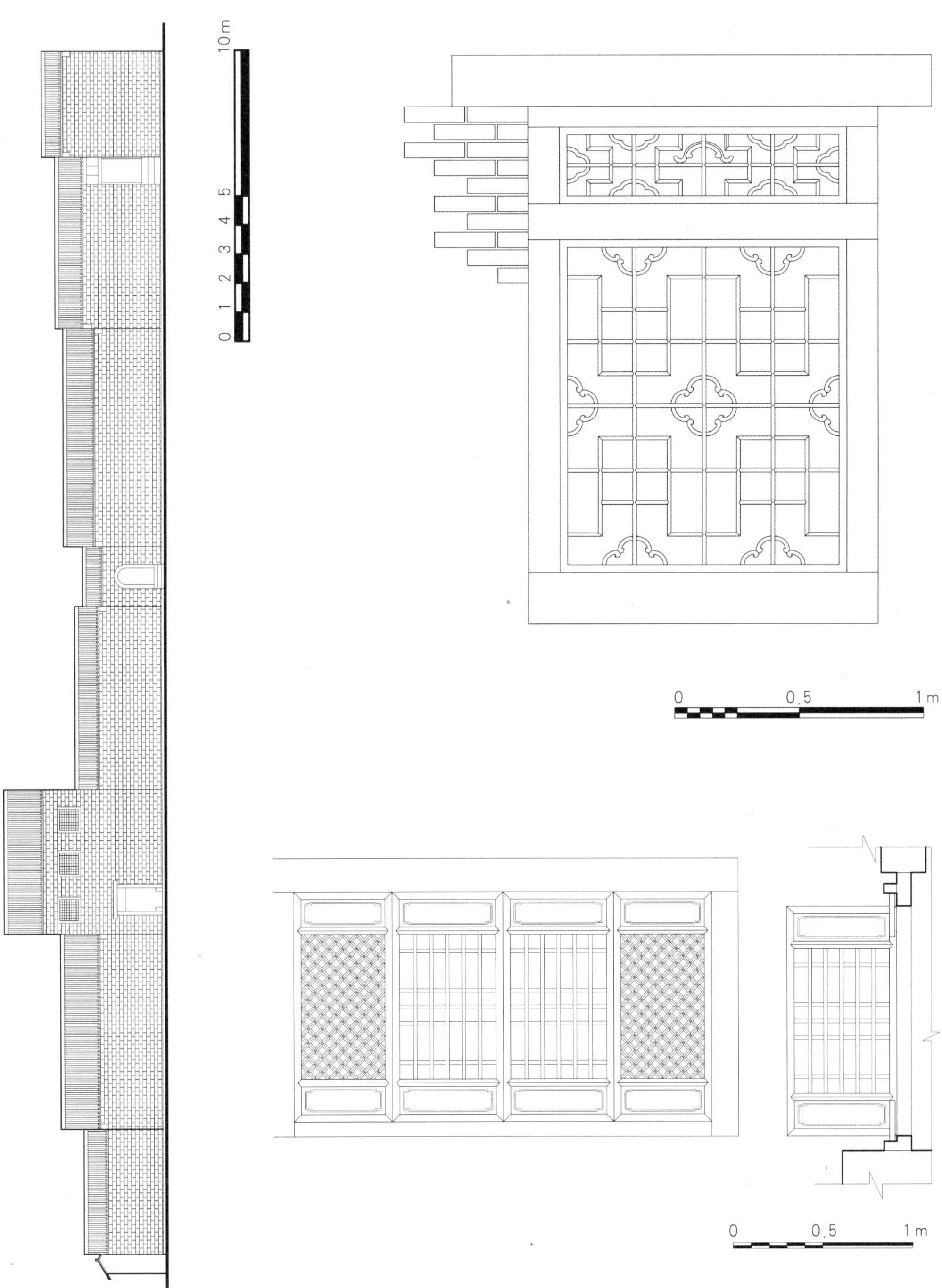
0 1 2 3 4 5 10m
0 0.5 1m
0 0.5 1m

花马纹抱鼓石侧立面

花马纹抱鼓石正立面

0 0.2 0.4m

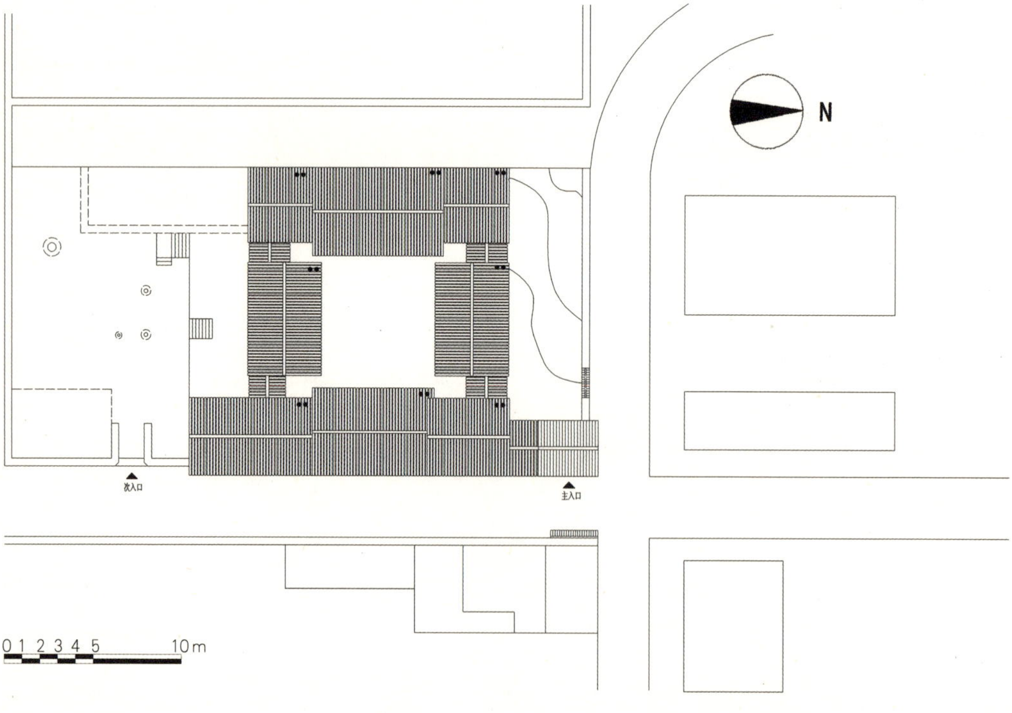

N

次入口

主入口

0 1 2 3 4 5 10m

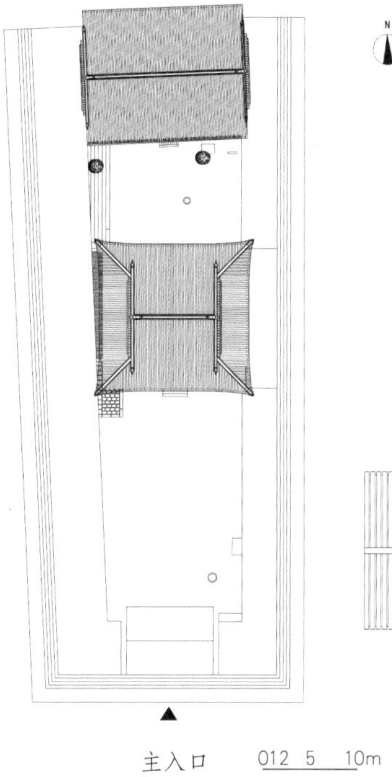

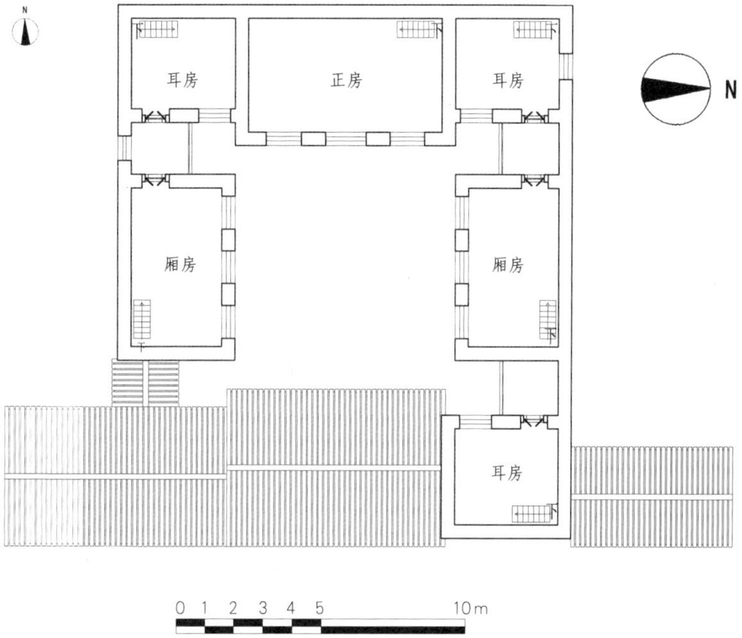

N

耳房

正房

耳房

N

厢房

厢房

耳房

0 1 2 3 4 5 10m

主入口 012 5 10m

0 2 4m

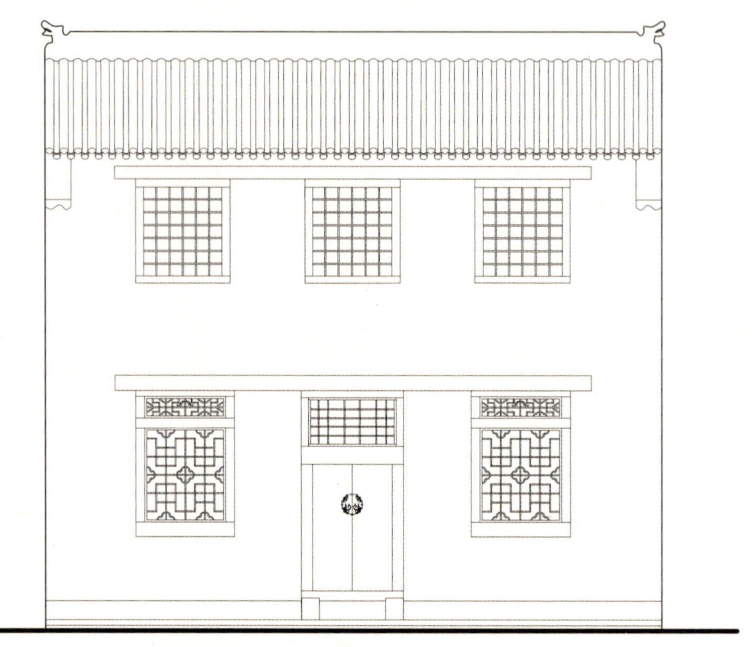
0
1.5
3
6m

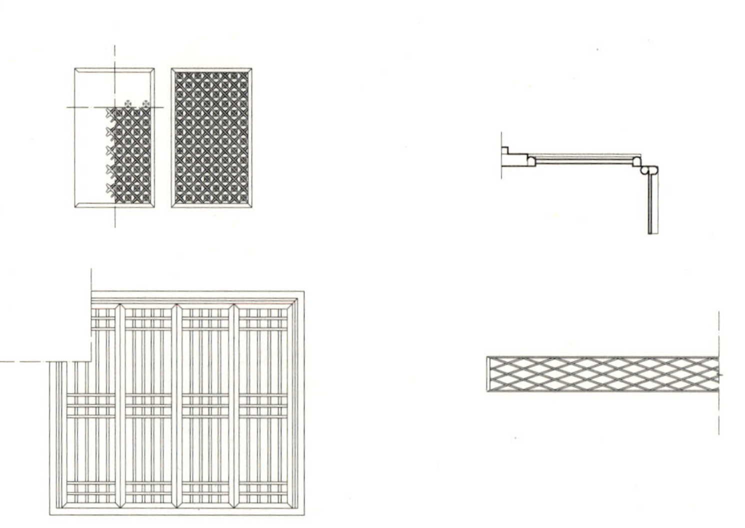
0
0.5
1m

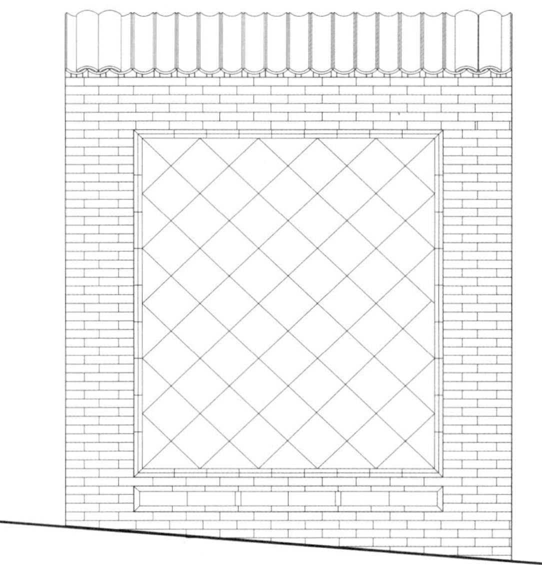

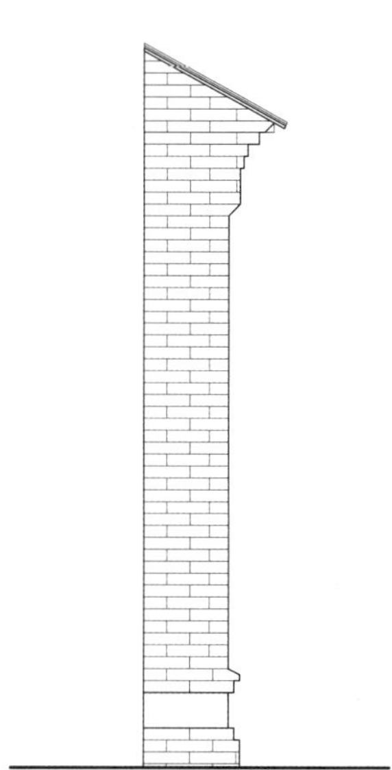

程府老宅铺首立面图

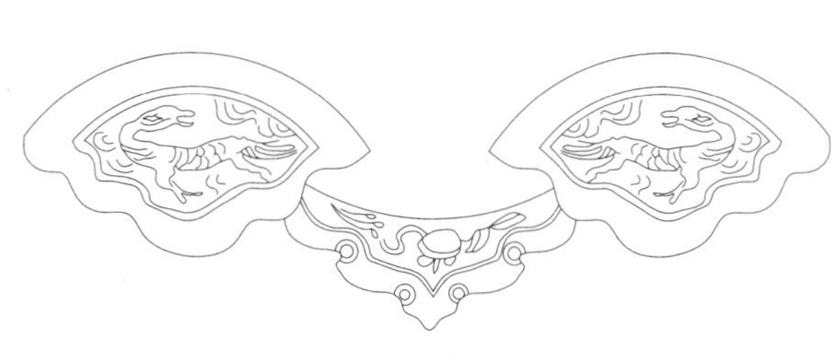

程府老宅瓦当立面图

0　　0.1　　0.2m

附录2 碑文选录

1.魏故襄威将军积射将军郭君志铭

君讳翻，字仲翔，建兴阳阿人也。其先出自太原。七世祖容晋，上党太守阳阿侯，子孙因家焉。祖谦，圣世阳曲县令。父 性好幽闲，志居山水，每高枕人讥聘之言，常赏□□答由之问。不士而卒，乡闾痛焉。君以至孝自天，丁兹极罚，泣面毁形，几将灭性。朋知喻其礼，友识晓其制，乃割情从典，切切之痛有余，顺终之感身没犹以未尽。及其在朝，必以侃辞，事上剋以忠敬。苟行乖德异，虽贵无肯尚其荣；志同道合，虽卑必以共其庆。朋交颂其厚，冠冕惮其节。春秋五十，以正光二年岁次亲（辛）丑二月二十一日，卒于洛阳寿安里。其年三月己巳朔，十六日甲申，归葬于偏城之北岗。寮旧乃痛荆岩之□□，恐影灭而无传，遂镌石镂金以扬景迹。其词曰：

爰自有晋，阳阿修钦。
剖符上党，茂叶流今。
硕望无奄，美德莫沉。
童儿爱雉，阳曲是临。
弈世伊郁，擢本千寻。
君其挺睿，孝性自衷。
有感无类，曾闵非隆。
荣以艺拔，显爵岂戎。
谁江谁汉，唯君独冲。
形之往矣，声德芳崇。
爰凭金石，以传烋风。

2.资圣寺创兴田土记

□夫至理难名，盖回超于蹄象，优功可纪，乃迩备于言论。伏惟我长老钦公，道号紫岩，悟达摩之至理，久立丛林；顺禹稷之优功，创兴田土。既将事并成于□□□丰碑永树于纯禧，不命氏族，宁徽宗祖师，本霍邑，姓荀氏，礼香严寺讲经，大德义远为师。受具已□□□□初参大愚，次见犗牛，后得法于安闲脚下松溪老人处，密传心印。庚戌年受潞州长官任立等□州官疏请，开堂住持长子妙觉禅寺。癸丑年，受泽州长官郭天佑疏请，住持获泽乾明禅寺。丙辰年受中书南哥疏请，住持紫严宝峰招提。大王抄忽 赐织金，伽梨大王也，孙□以师礼敬之。己未年，受本村乡耆疏请，驻锡于斯。至元七年，蒙诏诣阙，获睹龙颜，受赭黄袈裟，始自开堂，终于是刹。建白圆宗四踞道场，饧赭方袍。三亲君后，气象则宝峰胜概，赈恤则资圣尤谌。焚香宴坐，寂无一点尘埃；垂语胜任，兼有五宗规矩。□□利人，孜孜未合。金牛羞挑来不遇，铁酸□擘破难逢。慧命禅悦休餐色力，粟食可济。寻获随于世辟，乃勉换于家风。况形骸为修道之具，非节粒以何生；畴垄为衣食之元，不贸易而何得。遂罄己之箧笥，乃尽为之懋。迁置土田两顷之余，供常住三尊之膳，少合观音妙旨。大同居士玄门，赓乎开钵之场，永以展盂之地。食前五观，祝圣寿以无穷；斋启四洪，抑蒸民之有庆。更兼立石之费，仍来砻错之庸。凡属货土之资财，亦积檀那之衬利。异饫均于内外，庶饷遍于存亡。但血气之生灵，皆法餐之哺啜。一日方丈侍者待余茶毕，将前事谓为刻石，以令后裔不使堕致。余勿敢拒，故录其备云（下略）。

舍利山开化寺忝讲释文海书
高平县定林寺本县都纲释崇安
泽州前僧正洪福寺讲经大德释守敬
泽州前僧正本县崇果院释通泰
泽州晋城前县令张佑夫人□□君官张云翼
至元十九年岁次壬午癸丑月初□日癸巳段宝立石

3.资圣寺合同文书碑

晋城县宋家岭住人宋顺，今将高平县周纂村元买到庄窠地土一段各□□□□□□□□后坡白地一段地二十亩。其地四至：东至道，南至沟，外至道，西至塄，北至□□□□□□□□□□北塄。墓东、墓西一段，计地八亩，其地东至沟，下至水心，南至段社长，西至沟，下至水心□□□□□□□□张大奇地一段，计地八亩，东至沟下至小张三，南至塄，西至道，北至李十七奇□□□□□□□地一段，计地六亩，东至沟，下至水心，南至张四奇，西二至南一截至道北一载□□□□□□□□又接墓张三奇地一段，计地十一亩，东至沟，下至水心，南至张七奇。四至□□□□□□□□张用沙河南地一段，计地七亩半，东至赵二奇，南至道，西至道，北至沟，下至水心。又后岭上段社长地一段，计地四亩，东至沟，下至道，南至李七奇，西二至南一载至塄下，□庵家墓北一截至墓，北至塄。各处土木相连，今来因为远近相不便兑便与高平县周纂资圣寺，永远为主。资圣寺□□元旧碑文上宋家岭庄窠地上一所围场上地一段，计□三拾伍亩。东至宋士奇，南至道，西至塄，北至塄，□□地二十亩，南至水沟子，西至枣树塄，北至塄□背上地一所大斜等，高下不平，难丈量估计分亩，东□至□□南至沟，下至水心，西至窑崖，北至车道。又车道北地一所，不计分亩，四至东二至西截至道地一截□□□□□南至道，西至塄下宋十二，北至□吴村沟，下至水心。又屋宇地步一所，不计分亩□□土行。凡便之数兑□宋家岭宋顺永远为主。两言定各不许悔，如悔之人，罚银二千两□□□□□□□□罚起今来将兑文书照使为据，又重修佛殿法堂。宋顺出合同文书地钱钞□□□□□□□□□。
元统二年十二月日立。兑□文字人宋顺
官牙人：宋德玉
见人：周七奇，张八叔，常八叔

4.资圣寺新建水陆阁记

赐进士出身承德郎吏部文选清吏司员外郎可庭冯养志撰
子不语神，恐涉惑异。有如言远而敬，亦弗能蔑，兹圣人以神道设教也。寺故无水陆阁，僧车湛洎广缘辟地，创构七楹，峻级层甍，金碧炳焕，巍然称大观焉。既竣事，而问记于余。余闻阁名“水陆”，以祀水陆神也。夫上天下地，广川大岳，末不有神，名既不齐，位亦随异，故玄武以之镇北极，大士以之宰西方。辟诸官府殊途，卑尊攸判，有国若此，神亦如之，岂谓一室之中，足妥群灵，崇明祀也。语有之，天不人不因，人不天不成。故夫幽明一理也，神人一道也。通乎鬼神之精状者，可与言民义矣。今夫民之愿欲，最无涯也，猾黠懫悍之性，又最难化诲也。建以三典，议以八辟，纠以五刑，国家之法不犁然具邪，而何民之罔戒？载胥及溺，亡虚日也，狃于习观，而徼幸于万一之可逃也。神之为道，虽曰无方，要以感而遂通，捷于景响，故人有善念，神必从之，不与福期，福自集矣；人有恶念，神必从之，不与祸期，祸自集矣。漠然也，而意可求。优然也，而诚可假；章灼徼

应，若或临之。参验人区一亡或爽。盖廓之，则四大未尽其都而约焉。即近在几席，神之区域，已如钧天广莫，莫可穷极，已在礼民。教有三重，祭居一焉。道路防庸，亦所不废；矧曰神功阁而祀之夫，岂不可！今规御既新，盻蠁可即入其阈而登拜者，能无惕然省乎！有泆行而人不及知，及知之而狙诈以逃，不丽于法。或丽于法者什九，而幸脱者什一。一对越间，当必有悚汗涔淫下者。是可以观民心，是可以兴民行矣。昔吴道玄画景云地狱变相，都人士咸惧罪修福田，两市屠沽鱼肉不集。盖见相发心，威于谷钺，此其意何殊焉！虽然见相非相，发心非心，相旋见旋，晦心倏发倏灭，一念精白，尸居渊默，如对神明，亡责亡非，奚烦告戒。有如多行不义，如鬼如狂，顾假率作以奉庄严焉，求媚于神于以要祥而致福，必无幸矣。故谓神之有不报者，非也；谓神之无不报者，亦非也。吉凶悔吝，存乎人而已。语曰："同于涉河，自拔者济，需援者没。"斯言虽细，可以况大。敬谛大众，而为之记。若乃经费颠末及应募输金姓名，则有司存，不具载。

明万历二十六年岁次戊戌夏五月望后之吉立。

创修天地阳水陆阁，新画水陆圣像一百二十位，共成四十轴。募缘住持僧湛泊号清菴，俗姓车，本镇东宅西里人。修钟鼓楼二座，金粧诸天圣像一堂，修三灵侯殿金圣像五瘟神。嘉靖三十六年同师澄江号映空，古寨南里，俗姓武。师徒同往南京，印造五大部尊经诸品经，梁皇诸忏，立一镇之风水，保概境之人安。湛泊等设立常住，大众同饭五十余载，佛天护佑，遵依长行。湛泊将已资修理东楼四间，自七岁削发，今六十五岁云。

禅林宗派，妙缘惠性，澄湛智定，明道兴隆，善果能正。

湛泊徒智文书

玉工李应山刻

5.重修雷音殿即金粧佛像记

天下营建之事，有昔贤初造奕也，而后渐成颓废者，则起□衰必于后人是赖，虽经书画易，然而有□才力者，每毅然□之，世犹不乏其人。惟是父子祖孙一脉卅承，必不令前人已成之功自我而慕，且歆使后人补葺之劳自我而绝。其殆视佛事如家事。继述之，善真可媲美古人耳。周纂镇圣寺载子在邑，承盖亦有□矣，其中毗卢、雷音诸殿，□结构四环，殚极宏□。虽在□市喧嚣中，叩阊而入，其幽邃怡静之致，不异山林，令人起祝发空门之想。诚禅楼□佳胜处也。茅□季，诸佛法像黯淡，无□□士少庵，孙君顾而悯之，遂慨出资财，募工之能者□之。为不数月，金彩辉煌，入眼生物，直从丹楹碧榈间楚，别开一境，使诸擅越之来者，皈依瞻仰不啻亲□世□□欤。盛哉！独计彼一时之相，虽剥蚀而殿则完固，有少庵新之，亦可谓无憾矣。此一时矣，相虽无恙而□□圮漏，设无人为起而固之，则少庵之功不几坠。予乃其孙□□天者，□诸佛之淋漓，念伊祖之成绩，不特倾囊喜拾兼与画，盖臣王君等，多方募化，不数月而连云宫□□□，复焕然一新。呜呼，即孙氏之□为若此，是佛以法生相，且以□永法皆其祖孙之力也，行见乐善之报，延及后毗，岂□问乎，至于设诚为斯役终，始初则寺□明□则□持明□等，俱有功鸟前功肇于康熙七季仲秋，竣于本季季秋。予孤陋寡闻，亥练笔研，忻其事之有成，嘉其人之乐□，故特□□颠末而并为之记。

原住浙江金华府东阳府东阳县知县世法父王同功撰

康熙七年岁次戊申仲秋榖旦

6.周纂镇重修大王庙碑记

间当禹工，具知可之为害甚大，而其力亦甚远也。然利之所在，害亦随之。是以，三代而后沉马没壁，祸及淇圆。此瓠子之歌□由做也。籍非有神马以司，其事尚以有祷郎应而庆□阑者，比比也。故世之托庇于河工逍遥于舟中者，相传为金龙四大王之力，大水神之号亦众矣。冯夷者，阳侯随，在异名不胜胪列，余每思得搜神记而考订之，情未得全豹及观其残秧□皆□□□□经。

然之无害于理者，从俗可也。今周纂镇，原有大王庙一区，为武氏先人创建，□周纂镇为泫邑之臣镇，武氏乃周纂之世□□间业儒而□理。

鼎者固多服卖，而返有无者，亦复不少。是以武氏先人讳培讳悌，惘者仍修于前，重神道也。但其庙观规模虽具，而气象稍隘，限于地也。故功成之日，亦无碑记。窥创者之意，得无，得无以未遂之志。千厥后，惟吾武公恐以之湮没，嘱其弟金门公，作交以纪其事，原碑可孜，无庸再赘第刻石。

之后，流氛扇虐里中，人且不克保厥居。矧惟神像庙祠乎，以故居民零落，迄今数十年，谋生置产之不暇，孰是过庙而知敬者哉。于是，定戾武君与其弟子□子方公，慨然以承先志为己任，然大厦非一木之□，重裘必千狐之腋。因莫于众仅得十余金，是何里为山者十地之一篑乎。

定戾公曰：江海不择细流，故能成其大；泰山不辞寸壤，故能成其高。居今日而谋，所以鼎新者，非生息不能爰，营运数年至戊辰岁，乃卜□，相□鸠材□工而告成焉，至于众捐若干，□利若干，并庙中积稞穀，若费不给而□输己资者，又者干具详于碑之阴，乃者重修之制，举日数倍于□，云书考作室厥子可得不必悉载而其规模之弘阔，大约乃弗肯堂。矧肯构壁后□之弗克，继先志也，若定戾公斯举，岂惟邀福于神，实大有光于前者也。诗无忝不明，祖韦修厥德，定戾公文□也，余与定厥公焉，中表厥功，告□余乐为之纪，其事如此。

敢撰　九书　王工□昌和成□镌

吏部候选州同知

大清康熙二十七年仲冬穀旦

7.重修地王神殿记

资圣寺之地王殿□寺俱建，历年久，势倾栋折□崩，神将厰马，见者愀然，罔不兴感。余每欲重加修葺，而未敢专厥事，盖以其为乡之公庙，而不欲自矜功也。乾隆乙己岁，侄继绍病，祷于神，既愈。乃据情告同乡以重修。故此至丁未独力出资，请工构料毁故□儿筑新垣，宏其庙宇，中塑地王像，旁置十殿阎罗，其下六曹各司以次。□序昭旧制也，有子庙成之，明年命彼画工绘之藻彩，绚以金碧，乃即俱。优□设祭享，勤对越展虔诚。洋匕乎，如在其上，如在其劳。寝成孔安神人，以和盖至是，而余之志以遂，愿以酬焉。总计□用资财百有余金，观成之日，即拟勒石以志，而未果者，于今又三年矣。兹持据始末，以为记，匪施劳也，亦以见神之庇佑为无方而庙貌之更新盖有自也。

大清乾隆庚岁六月穀旦

国子监李锦率侄继绍敬立

8.重修毗卢伽蓝罗汉三殿记

西里常氏，祖籍陵川，其徙居周纂，盖十代于兹矣。家世庄农，耕织为生。迨瑜等始业木工，凡三十余年。本村外镇起盖住宅极多，而修建庙宇，亦复不少。时乎坐间，谈及资圣寺倾圮颓毁，

辄心焉戚戚，以己人微言轻，弗克勤劝善果，深以为憾。又以偌大庄村，其中论家户，有贫寒者，亦有富厚；讲人才，有练达者，更有老成，曾无三五人焉，出而斡旋，为之谋鼎新者，是则可慨也。维时言之有意，听之无心。讵伊于道光三年，忽将伽蓝殿竟重修焉。又三年，复将罗汉殿亦重修焉。及十三年，该寺兴工，随将毗卢殿一体均重修焉。工竣，揖余而进之曰："向与台翁所谈资圣寺工程，瑜蓄念久矣。缘力不从心，无可如何。爰与胞弟珍、堂兄琪，度德量力，勉随摇会一道，仰逼神庥。现蒙佛力垂佑，营运多年，得钱三百余千，谨将三殿修葺，完全复旧如新，瑜志既遂，愿台翁为文一叙之，何如?"予不禁欢然有喜焉。窃常瑜本业农兼业工者也，以业工而注念于社庙，偶尔话及，伤感顿兴，是其善根于心者既深，殊不觉形于□者弥切也。由是设心破已，仗义输财，日积月累，罔敢懈驰，谋于始，以成于终，非乐善不倦，能之乎?矧夫独力筹画，不令人知，直待厥功告成，而始白焉。斯其深藏不露，则与伐善施劳者之相去奚啻天渊耶！兹者请叙勒石，予特嘉其好善，美其真诚，援笔叙之。后之览者，或亦有感而兴起焉，则幸甚望甚！此记。

邑庠生宾谷武煊旸撰并书

信士常琪、常珍，率男侄德新、德超、德江、德山、德宽、德修、德均，孙蕙英、茂芬、薰沐敬立

道光乙未夏六月上浣之吉

玉工申金魁敬镌

9.重修资圣寺记

闻尝读诸史而知世道人心。有一时之盛，必有一时之衰；有一时之衰，终有一时之盛。历唐虞三代，岂惟家国天下为然，即荒村僻壤，亦无有不然者。如我大周纂，非泫西一乡镇乎，烟火数百家，庙堂二十余处，而其间规模宏阔、制度完美者，厥惟古刹资圣寺焉，载在县志，属于两社。四围群房，一进数院，内建有雷音、毗卢、伽蓝、天王、罗汉、十王、六瘟诸殿，及水陆阁、东西禅房，左右钟鼓，靡不毕备；山门外对面有观音阁。在昔盛时，庙貌威严，金碧炫耀，不诚《西遨》一部足壮观瞻哉！斯其规模如此，至若焚修香火田有九十余亩，其器具之精者，如经磬、木鱼、蒲团、衣钵；粗者如牛具、车辆、农器、碾磨，及陈设一切，无所不完，亦无所不美。斯其制度又如此，加以贤主持于中调度，凡僧众中赋质聪慧者，专事经忏晨昏诵课；愚蠢者，尽力田亩，及时躬耕，所以井井有条，内外整肃而无不咸宜者。其盛为何如也！迨后气运衰，人情变，长老匪恶，沙弥效尤，昼则浮卢呼白，夜则酒地花天。以是正人君子深恶而不前；邪僻小人欣幸以插入，或图□福，或谋资财，交相浸耗，而存蓄有不空匮，大事有不败坏耶?日久年深，则各殿上盖，吞脊滚陷矣，瓦坡飘零矣；下截墙垣，硝碱者有之，根石崩裂者亦有之。且东禅房久为瓦砾，树株成林，而水陆阁、□□毁，空余白地。荒凉如斯，不深可慨。而无如贪得之夫，遍体滓秽，总缄□而扪舌；亦有廉静之子，中怀坦白，徒愤激以郗。爵似此破坏残缺，因循观望，然而不一败涂地者，匪子攸闻。庚寅夏日，正中门前老槐，忽无风自倒，其身材稍节，闭塞街冲，人行则绕道，车驼则转弯，偌大庄村，谁其闻问。幸有东西里事李耀礼等，责不容辞，合力承担，变为钱文，随于次年秋，倡首纠众，计亩捐谷，立意重修。窃斯举也，其殆衰极当盛，而老槐特为之兆

欤，抑诸佛有灵，或冥冥以责成其该里事欤，均未可知。惟是所捐谷石，为数无多，经费不充，若之何其。爰制疏簿，捐于本境，募诸四方，得钱六百二十二千零，鸠工庀材，除西里常瑜独力承修毗卢、伽蓝、罗汉三殿外，自山以至雷音大殿，凡上盖之滚陷飘零，下截之硝碱崩裂，与夫东禅房之瓦砾，暨前后院落墙垣台阶，悉皆修整，复旧如初。所谓"有盛必有衰，有衰终有盛"，亶其然乎！惟水陆阁始系前明万历二十六年本寺湛汨禅师募缘创修，继系敏政武公、应儿刘公、春英杨公、敏学武公、伊四家重修。阁下右壁立有墙碣，其文则曰："水陆一阁系合寺之瞻，如衣之有领，人身之有

眉目也。人第见其无神圣像貌之可观，故虽见其倾圮，殊不以为意，曾无为此阁谋一鼎新者。予四人各出资斧，共成斯举。功毕之日，勒以为记，时康熙之戊甲也。”云云。末系嘉庆十六年七月分，适有世代豪强者未同大社拆毁，当此大工正兴，理宜一体重修，奈根椽片瓦尽失其名，虽可因仍而实同乎。创始工程过
大，安敢轻举，姑留遗址，以待后之善士修复可也。阅七载，厥功告成，倡首者请为之记。余学疏才庸，本不善纷华靡丽，极力铺张，尤不喜粉饰太平，虔诞敷衍。兹既勒石垂后，谨按盛衰始末，据事直书，俾作善者益加奋励，作不善者知所警省焉云尔。是为记。

邑库生宾谷武煊旸半间氏撰

邑庠生屺瞻邵思会奉先氏书

道光岁次丙申十一月吉旦

10.汤王庙无名碑

成汤乃商之先君也，其所以享宗祀于悠父者果，何自而然耶？盖以其一德至功之所致也。所谓一德至功者，何观其社稷宗庙，罔不祇□德，何一耶？防罪救民创业□统。功何至耶？德一功至如此。是以亿有血气者，莫不仰慕于千百载之下，岂特当时为然而后世有不然焉。昔大宋摄提岁，其镇善士张瑗乃者曰：右之汤帝所焚身祷雨者，非为一身一家计也，盖所以忧天下之民不遂其身故耳，其正可不追乎？于是愿施厢基一所，社首李璲辈因之而建厥堂，东西廊厦，既宣圣殿两远（院）三门。或因风烈而兽颓瓦裂者，或因岁久而栋挠门□者，皆不得如初焉。镇中神首李璨毕恒□之曰：其神其神咸放动之圣也，其廟又前人之蛊也，使今不因旧功而修之，将必至于大坏矣。于是备酒厥财，请工营补舍宇，更新而不复有倾圮之势，门庭□敞而自是添阀阅之威，辉然蚀日之还□，璨若琳琅之所萃，格之者足以壮赫人之仪，瞻之者足以惶人之意。其李氏子亦可谓克绍克继，而能斡前人之蛊者也。厥后五福来酬，岂待卜而始知也哉。不然，《□经》何以曰：积善之家，必有余庆。矛故以是为叙云。

□计开祷首姓名于后一十二人共成

□盛是李璨、□何后、秦韬、武直段、李茂、武□、杨子通、李□、赵璨、杨□、

本社梓匠武城武经　瓦匠赵玹　石匠韩泽

大明弘治元年孟秋七月二十日书写李节。

11.重修阎王三□二祠记

镇中有庙，庙中有所祠神，则成汤为之主，寝官为之，附行廊正栓，东西而二祠者，则界粉其间，而东西相向者也。诸殿各有人以修之，持前□二□，不堪风而□，兹岁新□。首李仲义等十二人，目其倾圮，慨而曰：成之工业。请余记其。岁曰秦曰美哉，轮奂而工斯完笃□，神有所栖，而人有所仰矣，故书之云。
皆

大明隆庆元年岁在丁卯季春吉旦立

本镇邑庠生温泉李鲂撰

镇人隐阁秦栏书

奉祀神主　　李守义　何朝刚　武大禄　武仲清　段庄　张时新　何子章　何昕

　　　　　　朱金　　何向刚　杨科　　武功　　武仲秋

明工人　雷福山　王工　王向银　刊

12.重修汤王庙东廊并神厨记

高平西南四十里许周纂镇，宋平泉里也。其里民建庙，所主神曰汤王。夫汤王□□□□君□□□□□□□□行罔弗慎，因岁大旱，祷雨于桑林之野，顷刻而雨，润乎千里，其有功于生民大矣。绘像□列者曰白□□曰煌□曰武安玉曰圣仙姑咸配享焉。盖自汉唐宋及我大明，凡春祈秋报，议祷水水官十二人，靡不斋戒祗肃，虔祀典隆。官殿所以酬其德业之盛也。岁弘治辛酉社首武杰辈，嘉靖戊申社首李时中辈，重修正殿，稽志有徵。嘉靖辛亥，牛子东川，协何子宗乾，李子鋘等，谨□会计创建大成殿伍楹、院植松柏花卉；又建药王祠、子孙祠各三楹，内金饰形像；戏楼五楹，内筑石段数层。门屏墙垣，炳然一新。厥功不亦懋哉！厥后相继修葺，二年一周。今嘉靖庚申春仲二日，牛子与董子朝宾及□三父孟书等，□复应水官谓，神殿坚饰，不可妄图；东廊后址及奉祀厨所颓圮，若不修举，后益倾。□□遂卜良辰，鸠工积石，以为□成之谋。其高一丈，其长数十丈，不虞之绩，就于月，其资费皆出于十二人。又造神朝銮□数项，并铜锣响器□，显神威之盛。诚所谓不废相续修葺之业而已矣。此虽十二人俱有其功，然经营谋犹劳心而苦于有为者，牛子之力居多焉。何也？建修之绩夫固不容以枚举，稽其独宿神所，不畏寒暑，忘其货殖，功成方回私家。噫！亦可谓□难矣。自是而后，□应水官者，精白乃心，竭力以终迭迁之功可也。故镌石永垂不朽，亦以为积善者劝，作恶者惩也。牛子大仁，号东川，四子君宠、实、寀、宦，孙化龙、回山，西里人。是为记。

邑庠生仁山李时昌篆

邑庠生晦斋杨士撰

邑镇人隐阁秦槛书

玉工张壮刊

嘉靖四十一年岁次壬戌仲春二日立

奉祀水官：牛大仁、秦松、秦林、董朝宾、杨孟书、杨秀、杨佩、杨坎、杨孟登、武大思、董让。

本镇东宅西里奉奉神，水官李大观，同男李荣，孙李增，独修汤帝大殿后墙五间，永以为记

万历己亥二月初□立

13.高平县重修三皇五帝庙记

镇东南隅，古有三皇五帝庙址，岁就倾圮，规模□隘。镇民李守本、李君佩毕□谟而更新之，虑财无序，出而督之者无人，遂议于耆老，代仁牛子曰：余户中有荒茔之段，计地七亩，□开以输诸公为建三皇廟用。汝平有斡旋之才，且慷慨仗义，足以役群工而服众心。□为社首以督是工，代仁素勇于义者，乃身任而不辞。遂动劳效力规划地址，创为形制，并建正殿五楹，中塑三皇五帝，南北小殿六楹，中塑人根之主、金龙□王。门屏坦牖新之以祷。石神光榱宇皆丈以金朱，殿□庙皆覆以琉璃，巍峨拱萃，金碧辉煌，焕然一新，视昔天□判也，工始于万历二年三月，至万历八年六月内告成。乃属余为文，以壽石诸石义弗克蓬遂序之以为。

自开以来世道渐昌，人物繁众，身心日用必有。厥由资政教君臣必有，厥自始是故，三皇五帝有有功于万世。

我明太祖有功于往古当今，丰功厚德等于天地，立庙修祀非大义□宜然乎，等世之尚異端者，奉虚无要近利者，崇婬竟不知□主者。何神□报着，何德也。乃于古今圣王且受其赐禅有追思而报功者，此何必哉？良由世远形忘，百姓日用而不知耳。余当考古而述之。夫皇者，初卫天下者也，主宰天下者也。卫天下立支干以定岁时，想山川以定疆，理而治有基戾。

宁天下者，太祖高皇帝应运以兴，扫夷虏以清中夏，新制度以一民心，上绍群圣之统，远超漢唐诸君也，列五帝而六之，谁曰不可，然推厥自始，如人根之祖司厥江河，如金□夫王此，又目前切近之□□，尝追思而崇良也，斯庙一立者，若皇若帝若王，熙然共列于一堂，而为中镇之伟观，其得□王六正哉。噫！嗣是，而镇之善人君子观貌，兴思追慕德将返浇漓于淳古子风者，又岂止于镇风土已哉，是为序。

大明万历十五年岁次丁亥孟夏朔日邑庠龙源□衣锦譔

嗣齐武世强书并篆

寿官东川牛代仁同□古宝君□君宦孙龙化麟定国应歆似龙曾孙聊芳

14.重修三皇廟高煤祠太三殿即河亭后厂并创建东北耳房记

三皇廟□吾村巽地，临东来入镇之通衢，实合镇一巨观也，不知创于何年。一重修与明季，国朝乾隆□寅，其缔造之艰，经营之善，劝乐输之勇，并诸神之当祀，即各殿之大小龙□，没先生有增减西亭三楹。余幼时所亲见，迄今数十年，风雨剥蚀日渐。镇若不及时修葺，将来伊于成昔之缺者，补废者，兴，加以黝垩为华翚飞，焕然一新。宗程杨军命祠作序，先授以意阻加。

大清道光四年九月上浣穀旦

15.元帝阁地亩碑记

岁庚寅后，目下瀚偶游斯阁，煮茗□谈，忽惠师出石碣示：方亦子云自大士神。以后得之友细阁乃系国处顺治年间，有一常道长和守政者主阁，自出己资，置有□地三十三亩三分柴厘，为本阁□修资斧，若出外境住庙者，不得借□缠光郎在，阁道人祗，许耕种，不许私卖，镇人亦不许私卖，不然，执碑到官，以私相买卖治罪。故同镇者，讳□武公牛立，武公敏政，武公勒石记其地亩于后，名缘由阁里予有感焉窍。常道长设心远虑勒石，垂以诚为书，美书善茅斯石，树过于壁而藏之于殿。者何查本阁地亩于与碣上，厥载现缺西沙河南与沙河南两处，共上地一十二亩一分三厘。。兹其后，按手主阁者，私卖恶其害己，而故去藏之欤，□因公兹圣卖，恐留疑案而然。欤享属远年均未可定，既经立法于前，尤当垂戒于后，兹仅依现在地亩厘刻树立，俾后永照，书形非特□修资，常道长用心良苦，亦始终不泯矣，此记。

大清道光十一年岁次辛卯夏五月合社全主持公立

16.补修廊石院落记

道末惠于乾隆壬子来此□修，屈指四十年矣，时切游方乞化敬□□神庥缘愚拙寡合，末由就绪，中心蕴结谓之何哉？王午秋适牛□霖旋，里坐间谈及承伊，概先代募成全。去春，伊从川省邮寄纹银一十二两零。惠思本阁工果，焕然一新，无所用处，意欲营运，奈为数无几碍，难安置，因见相围廊石滚裂，前后院落破坏，惠借此鸠工戊材，遂修砌铺墁，焉为工难微蓄实久，鄙愿即遂，兹亦不为小补云。

住持周泫惠率徒诚敬诚

大清道光十一年岁次辛卯夏五月上浣之吉

附录3 《武氏家谱》选录

武氏族谱叙

岁辛卯夏，周纂武氏族谱成。内兄会津公，率具弟侄辈，问序于余。余娶武氏，为会津堂叔建中公讳敏行女。于武氏谊甚切，故知其事最悉，义不容辞。按武氏世籍，周纂为望族，旧有家谱，明季，遭兵火毁失。康熙戊午已未间，会津乃尊明作公偕其族抱冲、右文、定侯、子庄、尚斌、擬苍六君，念宗支藩衍，思所以联属之，慨然有修谱之举。维时，明作公撰著，其编次者：文藻、右文，采辑者：子庄、子方，订正者：干城、擬苍、尚斌、任刊、乃郎、会津与定侯也。稿粗定，右文遽没，子庄、游宦，文藻、 苍、尚斌，诸男皆先后即世。而明作公且老，遂中格阅三十余年。庚寅夏，会津伤之，泫然曰：先人志事未遂，继述者后人责也，谱不果成，余今老，即旦夕就木，且无以见先人于地下，于是选材命工复令族子鑑衡、秉钺，为纂续编订，而弟缙，侄孙奕恭、泰来等广为收采，侄郃基，侄孙逢吕、秉忠，侄曾孙宪章等任缮写、校正之役。侄孙逢、侠、修等督刊之，劳居多。凡数月，板既成，刷印若干本，颁其族俾家各藏焉夫，而后武氏族谱凡三十余年方竟。噫，昌黎有言：莫为之前，虽大，不彰，莫为之后，虽盛，不传。今武氏族谱，借非明作公创之于前，则支派世系后人愈莫之考。然非会津克成于后，则前之创也不徒劳乎。抑予更有感焉，世之不念其祖宗、族姓者，无论已即有矫矫好义之士类，皆限于己力所不及，而託于众志之不齐，甚且假公事以肥私囊矣。乃会津之力固亦非大有余，而独以先人志事为重，毅然独任，不少攀其族人夫，岂世俗可同日语乎。予故多武氏之族谱而尤多会津之继述也，会奉命补选，时不暇给，恐遂无以报会津，然亦不敢为浮夸之言，谨质叙其修谱巅末，如此。

旹
康熙五十年岁次辛卯初夏
赐进士出身文林郎原任山东兖州府邹县知县田光复撰

武氏族谱序

家之有谱，尤国之有史。匪徒夸家世，矜门第已也，明唐荆州有言，家籍志藉，体裁各殊，然当实用而非取辦，具文一也。虽然难言之矣，世俗谱牒失不一辙夫，遡所自出昭一本也，而承譌者，失合敬同爱睦九族也。而袭谬者，失宗子一姓之纲，维故昧且紊焉，失之亲疎，分其枝，尊卑别其等，故漏者失，而舛者亦失名讳犯複嫡庶混淆。故悠忽因乃者失嗣乏宜承有闕，血食而恝然绝之，或嗣非其宜，胥失也。祖妣之字氏丘垄以及外亲内戚一切不稽其失也。略铭表志状安然，胪列而鸿功潜德若存若亡，其失也，诬联宗通谱，但誇姓字赫赫，遂尔标榜满纸，其失也，弃亲而背祖立身制，行人事根本不为之，垂型示范其失也，流荡而不振，婚丧塟祭罔遵典礼循习之失也，仆从斯役冒姓本宗寬纵之失也渔猎艺文瞻狥阀阅泛滥无功之失也，悉反是道以为之，则得矣。周纂武氏与予有至谊，幼与守戎、子庄公同学于乡，壮与忝戎、景昇公同官于闽，予堂弟龙云娶明作公女，而子庄令子鑑衡又为予婿，两家奕世通好，相隔仅五里许。辛卯春访会津公于怡邱园，得覩其所为家谱，见其立意精严，用心深厚，大非世俗家谱之比，不禁惊叹曰：必如是，而后可以为谱必如是谱，而后为无失。会津因为予言，其乃尊明作先生创谱之详阅，三十余年今始刻就木。予思前人以其用心而著之籍记，后人当因籍记而得前人所用心，今而后武氏族人读斯谱者，其必得著谱者之用心，则武氏之兴庸有艾乎。会镌讫问序于予，予为推原谱之所，以重历著修谱之失，并明作、会津创谱、刊谱之志弁其端

旹

康熙辛卯初夏

赐进士出身明威将军

御前侍卫原任福建邵武营右军都司□

书管守备事阳阿牛青云撰

创修族谱序说

吾族世系出沁州。明洪武年，迁徙高平县，编为古寨南里四甲。后攒里编为回山里八甲，世居周纂镇，盖三百年于兹矣。瓜瓞绵绵，号称世族。在明时即分为东西两户，迄今赋役册籍以本户为一户，以西户为第二户。昔有家谱，明季流冦焚掠，遂致失落尔，时未经修辑，族人年长者仅约略记旧谱云：初迁来始祖四人一讳安远一讳安定一讳安邦一讳安道。下此两世虽存其名，上不知所承下不知所传，姑为阙疑。呜呼！使家业没于流氛，子孙失守之罪，殊难逭也。然前代既莫可考，及今再不修谱，将近代亦渐至遗忘，罪不更甚乎。兹议修谱，户既两分，亦各为一谱，俱从祖之宗字辈有确据者，序起庶乎，支派无紊也，但因谱失无稽，不便远序，虽为两谱实属一家百世而下尚其審諸

旹

大清康熙十八年岁次己未四世孙敏政明作谨识

创修族谱序

古昔盛时，政教休明，人民蕃育，先王虑其传世久远而昧于姓氏所自出，故制为宗法以维系之俾族人，皆受命宗子复立不迁之祖以永其享祀，故其时比间，敦睦悍戾争□之风无自而起。葢尊尊之义，亲亲之道，于是乎，寓自汉而降，宗法废而谱牒兴，谱牒亦宗法之遗意也。唐衰谱牒又废惟门第是崇，遂使天下之人如断梗飘萍，欲究其所从出而莫之知，亦大可哀也，然欲寻其本之所自出详，其支之所由分凡，同高曽之人晓然于一本之谊。岁时伏腊敬爱存焉。婚丧庆弔休戚关焉，虽至世远地殊支泒分别，历百世而宗德长新，祖功不坠者，赖有谱存焉耳。如是，则谱之所关岂不重且大哉。吾周纂镇武氏自唐时避乱文中，文中移居沁州，自明洪武定鼎，迁徙高平始至泫邑时，远祖四人讳安远、安定、安邦、安道，初定户□分为古寨南里四甲□。窃念旧谱焚毁，丁□愈藩，情谊愈涣，间有徙居中州，揭籍泽郡，散处异域，轻弃故土，设无谱以记之，何以联属众志，且世境变迁，亦将支派茫然，焉能识此地北天南之人为吾同宗共祖者哉。吾为此，惧因受父命遂制谱以序之，因是，详稽碑志，据其有徵者，自祖之宗字辈以上两世，仅存其名，难以稽考其支派传衍，应止就祖之宗字辈以下，条明缕析，支派判然如木之由本，而采末如水之遡流而穷源。凡祖之名号，妣之姓氏，丘垅官爵，无不备载，纂辑既成，爰授之梓，分给族人使各藏焉，俾后世之子若孙，得有所考庶几上世之昭穆，支派不致混淆。世之修谱睦族，不患无徵将见观感愤发克绍祖宗之绪，即阅千百世而先泽长存，家声永振，予小子成有厚望矣。

旹

大清康熙十八年岁次己未五世孙成右文敬撰

周纂纪略

镇何为乎名周纂也，考之， 后周时，曾遣大将杨纂以镇此地。地以人重，引以为名焉，镇因以名焉。隶泫邑，系泫南巨镇。其规模宏阔，敌楼四，城门五，墙垣周匝，雉堞危耸，几几乎一邑治形

势矣。旧制，资圣寺之东有仓厂焉，内积仓穀数百石，备岁荒也。弓矢火药储一切武备之器，戒不虞也。仓之侧有官厅焉，每于殷实者，报集头老人一员，奉委署给管刑，设公座，管理集市，估平市价，且报堡正、堡副二名，拨巡夫以查奸宄之徒。遇有不公不法者，老人，堡官公断处分。苟非巨镇焉有如是之设施哉。至于区画，井里，街巷东武、中武、西武之名街。市有石塔仓巷、申明堂、上街、下街之分。更如寺后也，庙后也，兴李家、车家、杨家、朱家、樊家诸巷，及炉头圪塔庵胡同，麻地，种种地名，不胜枚举，则是一都五里中居民稠密，烟火万家，无踰于此矣。且人习正业，俗不浇漓务本，尽力于田园。行商者，经营于四方，闻人达士，每接踵而起，此邻村夸乎为金周纂所由来也。慨自崇祯壬申岁，流寇肆毒，焚劫杀虏，死伤逃亡者十之二三，恍同秦人一炬万瓦灰飞一旦。富庶之乡易而为瓦砾之场焉。政悲风鹤之余民不堪命，于是谋诸叔枢、堂兄中立，创修高阳，巩固两寨以安息残黎，保障一方。奈何兵荒相仍，时当十三年，又旱魃为虐矣。适有土寇朱全等绊党作乱。政走白大帅以请兵，夜啣枚，晓逼壘，渠魁授首，胁从解散，不终朝而妖氛为之扫平。政犹虑兵行似火，玉石不分，因复乞示以安余良，此时网开一面，全活者数十百人不止。功我德我所不计也。嗣是惊魂始定。國初，又值伪号义兵，大肆剽掠，幸而，王师入境，扫荡群醜，孑遗余民赖以安宁者三十年于兹矣。今也天道回而气化降，疮痍起而民生遂方且循复。故业长养子孙恪恭神人，敦崇礼教，家诗书，户絃诵培而植之，渐而渍之，安在畴昔之胜不可复见哉。镇之大略如是，而吾族守先人之桑梓，享忠厚之馀庆，由此，人人自立，光前裕后，固可□券而俟者，故因叙谱而并志之，俾后人之览者，将有感于斯云。

旹
大清康熙二十七年戊辰荷月敏政明作甫撰

族谱跋

予学疏才浅，操觚不善于文，况年跻八十有三。尤倦于勤乎，但念事关族系非细故也，不可无撰。次于康熙十八年己未命子成以壮盛编述，不期稿粗具，忽先我而逝，未竟厥举，越八载弟侄辈又为坚请，予责无可诿，因不惮老迈，勉强卒事谱成。其世系明而有徵，允足传后而无疑矣。顾家之将兴必赖先德。自明季流氛祸晋，兵荒相仍者数十年，镇之罹其□害，室家破坏，死伤迁徙十之有二三，而吾族粗能保守家□、室庐于无恙者，虽荷神庥或亦祖功宗德之所遗也，语有云：一岁树穀，十年树木，百年树德。值安集之，后子孙繁盛，门户高大，今日之华屋当念先人之区画绳枢也，今日之甘脆，当念先人之经营劳苦也。诗曰：无念尔祖，聿修厥德。惟我后人守业，则期光前贻谋，则思裕后。本支百世式好无尤有无相济患难，相恤瓜瓞云礽家声勿坠。是予之志也夫，是予之望也夫。

旹
大清康熙二十七年戊辰荷月敏政明作著

武氏族谱目

谱例计十五则
武氏考略
祖坟圖计二圖
世系源流
行迹志
家范

宗法说
名序说

武氏族谱例

一、祖宗良善传家，世称忠厚，故尔世泽遐长，宗支蕃衍，后人读斯谱者，当思祖功宗德之培植，毋自败以玷家声，庶几百世其昌，万年未艾云；
一、纪世家乘不同史志，凡铭表艺文，无论他人翰墨，未免溢美词章末枝无关行实，若果有德行，事功直书自见，焉用此繁缛为而如潮如海之章足以垂不朽者庸顕晦于家牒乎，因概弗登至若。恩纶誥勅则煌煌　　天语非一家所敢私注其典，而不录全文者，惧亵也。
一、谱内有字号，配偶茔域失传者，宁阙示信，其可稽考者，悉书之，虽有详略，殊无轩轾；
一、凡一世书名序齿顺书不分支派，庶后世丁多者，一叶不能竟，或二三叶，或四五叶，最便然。上世齿无考者，以其支派相近者属之，后世齿可序者，仍此例；
一、凡有功名者，书之为后世　；
一、后世年七龄以上公，同族长自九世从兆字起以下，依编就字数挨世，命名如有不遵此例者，此人忘一本之谊，启离异之渐许合族公惩之；
一、后世成人婚娶后，于每年元旦祭拜毕，续入两户存公谱内，凡女适人者，亦注于其父名下，俟三十年后修谱时编续
一、凡乏嗣公，同议定宜嗣之人，入谱不得混嗣致起争端；
一、凡有德行事功以及有寿有爵有女者，或乏嗣急无应嗣之人，仍于世系内谱出，以俟旁系支丁多者，继之示，不忍遂觉之意，否则，即于其父名下，子某人，处注无传二字无庸再谱；
一、宗不可紊，后世不得以南天北地之人联宗入谱，致乱家叶；
一、后世买仆，不得从姓武氏，犯此，执谱鸣官令其出姓；
一、后世有不务本业，大不类之徒，公同合族削其名
一、事业卓卓可传者，有行迹，志据事直书，无容隐，更无容滥，若无益之土木，不急之施兴，概置弗录志，慎也；
一、谱以纪世，前谱既失，幸而世次未紊，犹得即所知以修之，然亦大费搜辑之劳，阅三十余年始成，后世宜三十年一修，以绍前业，勿悠悠泛泛，视为无与己事也；
一、谱成除两户公存二本外，分颁有编就字号，凡我族人各宜敬藏，若有无故毁落者，罚其告祖赎愆。

武氏考略

武氏渊源甚远，代有伟人，惜闻见疏漏，不能收采，撮举数贤，聊志景仰之思，亦使后人知所观法，非敢诬为从出蹈郭崇韬之辙云。
武太原郡羽音周平王少子，生而有文在手，因氏焉
晋　武周，字伯南，沛国竹邑人，仕至光禄大夫，胡质曰：伯南雅士三子，陔韶茂，皆总角见称。有器望，同郡刘公荣见之曰：三子国士也。陔字元夏，最优仕至尚书仆射；韶字叔夏，仕至散骑常侍；茂字季夏，仕至侍中尚书。
唐　武甄，字平一，博学高才，崔日用请言《春秋》疑义，甄为条举无遗，官修文学士

武攸绪，有志行，恬淡寡欲，武周时弃官隐嵩山。

武元衡，字伯苍，详整任职，坚毅有守，拒王叔文之拘党，识李錡之奸谋，持正于李吉甫、李绛之争，及典机务，力欲削平藩镇，史称其忠肝义胆，与天地相为始终。

武儒衡，谏议大夫，正直有风节。

宋 武敏之 撰三十国春秋三十卷

武允成，太子中允，与至道九老会

武允蹈，字德由，高安人，两贡于乡，刻意苦吟，每一联出， 脍炙人□，著练湖集。

明 武思明，陵川人，弘治壬戌科进士，知金坛县，士民乐其廉正，入官末期，梗顽屏迹，众号神君，秉性朴素，补衣粝食，不啻寒酸，还里益负高洁，尚友古人，好以所学教人，门多达者。

始祖坟图

右恶宿沟程子岭二处祖坟，恐年久易湮，致地隣浸占。今查明绘图于谱，嗣后于每年祭扫时宜照谱勘验，庶几不忘邱首，无麦秀黍离之感

世系源流

鑑衡、秉鉞，遵会伯命，重为纂续编订家谱。稟既成，将就刊，戚友咸阅之。或曰，修谱纪世所以联众志，以敦一本之谊，今谱内东户有宗才、宗顺、宗顽、宗仁，三世朴五支。西户有宗泽、宗越、伦仕美，二世代邦，三世守己，四世安民并河南李坊□八支各支分派。安见其所谓一本而必修谱以强含乎？应之曰：吾武氏明初自沁州迁来，始祖曰：安达、安定、安邦、安道为同胞，四人夫同胞则一父母所出，非一本乎。继此二世东户曰：厚配颜张二氏生信俊，信配 陈二氏俊配，无考西户。据程子岭坟凤山墓表，始祖安道，安道生伯通，伯通生庆，庆生华，华生代恩，即凤山代恩生三子炳灿，焕灿焕无考。炳生二子泽民、阜民，其后迁徙流亡，不知所在。据宗泽墓表，祖伯增父韬士美墓表，祖伯祥父扩按安道为始祖之第四支子，曰伯通。则厚伯、增伯详为第二世无疑。即厚之名不与伯字类，安知非分支即各命名，或年久失一伯字。与自伯字以下□数至今于鑑衡为第八世，于秉鉞为第九世，□之安道以下世次毫不相谬，故户籍至今为一，尊卑称谓不紊。第不知厚伯、增伯、详为四始祖孰？□出耳不然，氏武者尚多不皆强合入谱乎，至若东户四宗与朴西户之宗，越伦代邦，守己安民，以上失考。二世三世四世者或四始祖□出，不止厚、伯增、伯祥、伯通四人。故考古庙碑碣名字多相若者，止□前后无考，创谱时亦即不録。则是当日人丁即甚蕃衍而历年即久，或流寓他处，或力薄不能记石，或父死子幼忘其祖考名字。在在多有逐令失考数世，□是之故由是推之本地，且然流寓河南李坊□者可知矣。又考宗泽墓表，父韬母秦氏生七子，宗泽居六，相传河南李坊□之始祖亦其一据。此则七人，中讵止宗泽有传，又安知不有各支之□，自出惜六人名不载于碑不敢强诬妄要之，皆四始祖后也。为四始祖后则一本也，宁敢强合乎。或又曰：一本之说是则。然矣乃四始祖以下，亦既条分缕析，今修谱□不起于四始祖而乃以宗字世起也，何居？应之曰：谱以示信，不敢传疑，宗祖以上世次虽未尝失，而□略难考者颇多，即如四始祖以及东户之厚，信俊西户之伯增、伯通、韬扩其字，氏配偶墓域尚难详考，余不胜数矣。若修谱必起于四始祖，无论中间阙略，势有不便即率率记之，不又蹈强合之辙。手此修谱之始于宗祖者，遡□知也，若夫位置宗祖世前后创修谱时，不知有据于否，今不得不仍之其河南一支列于最后者録，道远急不能致而谱已就木不能叙之故也，□曰：善。遂记于谱

旹

大清康熙五十年岁次辛卯春正月之人日六世孙鑑衡七世孙秉鉞谨识

行踪志

三世枢创建高阳堡，踞镇之北，顺治己丑之变人赖以安

四世中立创建巩固堡，踞镇之西，明崇祯己卯之饥及顺治己丑之变镇人悉赖之

四世敏政为诸生，会崇祯己卯岁大饥，土寇朱全等据东塔作乱，不但鱼肉居民，抑将玉石莫辨，时法纪陵夷，无能为桑梓计者，公昼伏夜行，走鸣邑令，于是寇悉就擒。镇人安堵，既而蜚语，胜兵宪，有屠镇意，潜师住县，人莫知也，适探事承差某遇公于马村镇，微示以意，公闻之，大惊，奋不顾身，急偕某诸兵，宪力白之，镇得无虞。迄渠魁正法，胁从尚多被累。先是，邑令素重公，审录时，惟公所释，全活者又不下数百人。

武氏家范

冠婚丧祭载在家礼，自宜恪遵罔逾，乃土俗□行颇多悖缪，今略指数条如在，凡我族人慎勿相沿自轶礼法

冠礼

婚礼

一、同姓结姻

一、亲中表结姻

一、指腹结姻

一、□圆结姻，俗云童养是也

一、居丧娶妻，俗云倚丧扶是也

一、随母结姻，俗云爹公娘婆

丧礼

一、父停灵柩不墓

一、僧道追□

一、居丧变服

祭礼

一、失时不祭

一、越分□□

宗法说

礼为宗，子有服，小宗统于大宗，则宗法□系甚重第。吾族自宗祖以上，支次难考，大宗诚不能序，今修谱，自宗祖始，谨将各支之宗详著于册，用重宗祭祀。

名序说

吾族繁，称名易□除□名不讳，二名不偏讳外，先世相犯已多，则后来更□□乎可□爰同族人酌

定数十字，公列诸谱。自第九世兆字以下，各按序名，永为定则

序曰：兆谟克大永宣仪世泽延良介景奇仁□芳□长敬光扬祖德裕弘禧

□裕堂家谱

叙

夫谱□，以聊表志，敦一本也。吾武氏族谱，在明即分为东西两户，吾支乃属西户。自洪武年迁来高平县，世居周纂镇，于兹四百余年矣。明季流寇焚掠，族谱失落，支派茫然。幸四世祖明作公于康熙己未年，慨然修谱以为己任，爰率五世祖右文公、会津公，继会津公，又命六世祖治平公、七世祖简哉公，由末探本，溯流穷源，直至康熙康熙辛卯年始授之梓，分给族人俾各藏焉，屈指三十余年。期间，搜采纂续缮写校正督刊之劳，夫非明作公创之于前，焉能条分缕析，支派判然，垂之于今哉？又恐历久仍废，定谱例三十年一修。迨乾隆四十五六年间，吾胞叔豫章公与叔祖景程公云，族谱六十余年未有修矣，若在□沿，更难搜辑。时叔祖景程公年已就衰，胞叔豫章公独立难成，且未几相继即世。遂尔，中止吾□思之谱以纪世多年，不修不惟支派混淆，抑且睦族无徵，不又蹈康熙辛卯年以前之辙耶。尔时族中众志不齐，趋向亦异先人，志事势难继述。吾年已五十有六，丁稀且幼，恐本支派亦渐紊乱。是以，谨自本支宗字辈、爵字辈、培字辈一支序起，仍将当日创谱内田序、牛序及明作公、右文公、会津公、治平公、简哉公创修序跋等目均录于首，以待后世有能继先人之业，统序吾武氏东西两户之谱，或接序本支全支之谱者，则幸甚望甚焉。

旹

大清嘉庆二十五年岁次庚寅秋八月九世孙煊阳敬序

后 记

大周村位于山西东南部，原名“周纂镇”，得名于后周时期。村内武氏家谱《周纂纪略》记载：“后周时，曾遣大将杨纂以镇此地。地以人重，引以为名焉。”宋代时，大周村迎来了一个繁盛时期，修建了大量的庙宇，号称“大大小小七十二全神庙。”清代时，武氏、白氏等村中望族皆以经商发家，至康熙年间，大周村已是“规模宏阔，敌楼四，城门五，墙垣周匝，雉堞危耸，几乎一邑治形势矣”。这时的大周，规模宏大，制度完备，民众安居乐业，被邻村夸为“金周纂”。大周村现存的建筑遗存丰富，建筑类型众多，有庙宇建筑、居住建筑、交通建筑（如桥等）、防御建筑（堡门、地道）、商业建筑、景观建筑（如塔等），具有较高的保护和研究价值。

大周村的调查从2008年10月开始，前后持续了一年半。在调查和研究中，我们得到各方面的帮助和支持。山西省住房和城乡建设厅厅长王国正、总规划师李锦生等领导对这套丛书给予了高度重视和积极支持。山西省住房和城乡建设厅城建处处长张海同志（原村镇处处长）对本书的定位、框架提出了许多宝贵意见和具体指导。村镇处处长薛明耀、副处长于丽萍同志为了保证调查研究工作的顺利开展做了大量的组织和协调工作。在2008～2010年期间，先后参加大周村调查的硕士研究生和高年级本科生有李志新、宋明洁、刘冬贺、刘思齐、邱诗南等。建筑学专业0602班于2009年7月在大周村进行了为期2周的历史建筑测绘。刘捷博士通阅全书，提出许多很好的修改建议。大周村支部书记宋国英、村委主任王有才、前任支部书记焦国英对我们的调查研究给予了多方面的支持和帮助。程裕生先生在我们调研期间，积极配合，做了大量的工作。另外，本书的部分工作还得到国家自然科学基金（项目编号：50708004）和北京交通大学“红果园‘双百’人才培育计划”的资助。在此，一并表示衷心的感谢。

令人欣慰的是，2009年，大周村被山西省人民政府公布为“省级历史文化名村”。我们愿继续为大周村的保护发展做些力所能及的事情，也衷心祝愿大周的文化遗产留存千古，并得到合理的开发利用！

本书由薛林平、刘冬贺、刘思齐、邱诗南、于丽萍分别撰写或整理了相关内容，最后由薛林平统一修改定稿。想必书中还会有遗漏、不妥、错误之处，恳请各界学者及广大读者批评指正。

薛林平
北京交通大学建筑与艺术系
2010年8月1日